Ⓢ新潮新書

柏原光太郎
KASHIWABARA Kotaro

東京いい店はやる店

バブル前夜からコロナ後まで

1045

新潮社

はじめに

世界最高齢、現在98歳の寿司職人の小野二郎さんが握る「すきやばし次郎」をはじめて訪れたのは、私がまだ30代のころでした。

『すきやばし次郎　旬を握る』（1997年、文藝春秋）を書いた里見真三さんに連れていっていただいたのです。里見さんは会社の大先輩でもあり、食いしん坊の最右翼。当時からすきやばし次郎は有名でしたが、30代前半の若輩者がひとりでのこのこと出かけるところではないことは自覚していましたから、以前から「次郎に一度でいいから連れていってください」とお願いしていたのです。

「よし、今日行くか」とある晩、里見さんはようやく聞き入れてくださったのでした。

小野二郎さんと一緒に本を作るほどの関係ですから、里見さんにとって次郎は勝手知ったる庭みたいなもの。カウンターの奥に一緒に腰かけて、「まずはビールで、美味しいところを切って」と頼んだのでした。

『すきやばし次郎　旬を握る』は、里見さんが次郎に1年間通って食べた、握り、酒肴、小鉢などをすべて収めた本。二郎さんのこだわりを写真で感じることが出来る「江戸前握り鮨技術教本」です。発行されたのは25年以上前ですが、いまでもうなずくところが沢山ある内容です。

私がこの本で教わったことは以下のようなことでした。

・握りの横綱はコハダ、巻物の横綱はカンピョウ。そして寿司の王様は近海本マグロ（シビ）

・採算を度外視してシンコを握るのは寿司職人の意地

・星ガレイは高価希少だが、白身の王者に非ず

・次郎がタイを握らないわけ

・寿司を食うのに順番はなし

今回、ひさしぶりに読み直しましたが、当時すでに次郎は江戸前握りの頂点の店と言われていたにもかかわらず、この段階で早くも冷凍技術や外国のネタの勉強をしていることに驚きます。また、いまと違って、200キロ前後の魚体の大きいマグロを使っているのも興味深いところです。当時といまでは、次郎にマグロを出している仲卸が代わったせいもあるのかもしれません。

ビールを空けると、ぬる燗に変えました。そして、そこそこ酒肴を楽しんでから握りへ移ったのです。私は緊張していたせいで、そのときの味はほとんど覚えていませんが、滞在時間は1時間ほどだったでしょうか。

最後に里見さんは私に、二郎さんを紹介してくださりながら、

「柏原君、ここは当日に席が空いていたら1万円で飲ませて食べさせてくれるんだ。いままで誘えなかったのも、当日空いてる時がなかなかなかったからなんだな。二郎さん、こいつは後輩なんで同じ流儀でお願いしますよ。この顔を覚えてくださいね」

と言ってくださったのでした。二郎さんはうなずいてくださいましたが、私は畏れ多くてその権限を使うことなど出来ないまま、30年近くが経ってしまいました。

いまの次郎は当時以上に有名になっています。「ミシュランガイド東京」上陸当初から三つ星に輝き続け、小野二郎さんの握りを食べたい人たちが世界中から駆けつけます。オバマ大統領と安倍総理の会食も行われました。

いまの次郎で「美味しいところを切って」と頼む人はたぶんひとりもいないでしょう。

全員が二郎さんが決めたネタを、決められた順番で握られた寿司だけを食べ、帰るのです。滞在時間は30分程度で、単位時間当たりの単価は世界一だと皮肉られることもあります。とても日本酒を頼める雰囲気ではなく、せいぜい最初のビールを1本くらいでしょうか。いまはマグロは夏でも近海本マグロを使っていますし、100キロ前半のマグロが多いと聞きます。当日空いていたら1万円なんてこともあり得ません。

私がはじめてすきやばし次郎を訪れたときから、たかだか30年ですが、次郎の流儀はまったく変わってしまったわけです。

そもそも寿司を食べる意味合いも、30年前といまでは変わりましたし、寿司の世界におけるすきやばし次郎の立ち位置が変わったということもあるでしょう。たかだか30年ですが、されど30年なのです。

これから私は、東京を中心とした日本の外食がその30年ほどでどう変わり、今後どこに向かっていくのかを考察したいと思います。それがなんとか読者の皆様に届いたなら、ひさしぶりにすきやばし次郎のカウンターに腰かけたいものです。

東京いい店はやる店　バブル前夜からコロナ後まで――目次

はじめに　3

第1章　外食グルメの黎明期　13
高級寿司店の炎上騒動／若造は入ってはいけない店／東京は「世界一の美食都市」／庶民とは隔絶していた初期の美食家たち／東京レストランの原点「レンガ屋」／1970年のファミレス誕生／日本のフランス料理史／思い出のビストロ「シェ・ジャニー」／フランス帰りのシェフたちが続々と開店

第2章　バブル前夜　35
フランス料理に10年遅れてイタリア料理が隆盛に／「居酒屋以前」の日本料理と「ヌーベルシノワ以前」の中国料理／グルメメディアの百花繚乱／「料理評論」というジャンルを作った山本益博

第3章　バブルへGO！　49
オープンキッチンとシェフのスター化／エレガントなリストランテ「ビザビ」／バブルと同時進行したイタ飯ブーム／「美味しんぼ」から始まったグルメ漫画のトレンド／「料理オタク」の登場／女性誌「Hanako」の功罪／『なんとなく、クリスタル』／ホイチョイと「dancyu」／異種格闘技だった「料理の鉄人」

第4章　エル・ブジとサンセバスチャン　70
世界一予約の取れないレストラン／美食の街・サンセバスチャン／バルホッピング／レシピのオープンソース化／美食倶楽部の存在／ガストロノミーツーリズム

第5章　垣根が溶け始めた時代　86
ナイトタイムエコノミーの発達／空間プロデューサーに注目が集まる／エンタメレストランの雄・グローバルダイニング／際コーポレーションの躍進／多様な業態を開発しつづけるダイヤモンドダイニング／向上した料理人の地位／四谷三丁目の「パザパ」

第6章　グルメメディアの変遷　99
ぐるなび登場／急伸した食べログ／『東京最高のレストラン』／ミシュランガイド日本上陸／食べログレビューに振り回される飲食店／「Retty」と「TERIYAKI」／ドタキャンのマッチングアプリ／台帳管理サービス

第7章　フーディー登場　116
世界中のレストランを飛び回る人たち／食べログ訴訟／情報が拡がりすぎたことの弊害／「予約の取れない店」のプレミアム化／食いしん坊がコミュニティ化するのも無理はない／口コミで流れていく情報／フーディーとシェフは持ちつ持たれつ／頂点に君臨する日本人／「DINING OUT」というイベント／世界的に評価される日本人シェフ

第8章　外食業界の5つの方向性　143
プランドゥシーとトランジットジェネラルオフィス／丸ビルと六本木ヒルズ／外食業界の5つの方向性／アートのような料理を提供する「イノベーティブレストラン」

／自然に「旨い」と言える店のバブル化／「予約の取れない小さい店」は利益が生みやすい／「俺のイタリアン」「俺のフレンチ」／「のれんに偽りあり」の店／ライフスタイルを形作る店／きらりと光る個人営業店／チェーン型店舗の未来

第9章　コロナ禍の試練　167

長期間にわたって拡大したコロナ禍／ＩＴツールとフードテック／ピーター・ルーガーの好調な滑り出し／インバウンドで活況を呈する地方／観光の目的地となるレストラン／SDGsは富裕層に刺さる／薪料理という新ジャンル／あまり変われなかったチェーン店／新時代、鳥貴族、サイゼリヤ／国際化に活路あり／ニューヨークの有名店の職人が和歌山で寿司屋を開店

第10章　東京グルメの未来　197

羊料理を再興させた「味坊」／キッチンラボというムーブメント／東京は横綱相撲を

おわりに　203　参考文献　205

第1章　外食グルメの黎明期

高級寿司店の炎上騒動

2024年1月、東京・港区にある「南麻布 鮨よし田」を利用した女性客が、店主に殴られそうになったとX（旧 Twitter）上に投稿し、炎上した事件がありました。

女性客によれば、店主に目の前のワインボトルの移動を要請したところ、口論になったとのことでした。

そして、怒った店主が女性客を殴ろうとしているのを弟子が必死に止めているように見える写真も投稿されており、女性客は退店する際に「こんなお寿司屋さん初めて」と口にしたところ、激高した大将に殴られそうになったそうです。

その後、Xでは大捜査線がはりめぐらされ、その女性客はラウンジ嬢（会員制ラウンジで働く女性のこと）であることが突き止められました。同じ時に現場にいた客への取材によれば、同伴した男性がその女性客を周囲の許可なしに撮りだし、店主が何度も注意したのにやめなかったことが発端だったなど、さまざまな情報が流れました。

私はこの店を訪れたことはありませんが、ネット上の情報を総合すると、ひとりあたりの客単価が5万円以上の高級店のようです。店主の吉田安孝さんは高級日本料理店「吉兆」出身で、その後、金沢「小松弥助」、東京「鮨 ふじなが」など有名寿司店で寿司を学んだそうです。カリフォルニア・ナパの高級ワイナリー「KENZO ESTATE」でワイン修業をした経験もあり、英語はペラペラだといいます。

ネット上に流布している写真をみると、イカには大盛のキャビア、たっぷりとつけた雲丹にはからすみをこれまたたっぷりとかけるなど、高級食材を使用した寿司がお得意で、インスタ映えを狙った店のようでもあります。

ここを訪れたことのある私の友人によると、目の前で高級ワインがバンバン開けられたそうで、客の年齢層はけっして高くないようですが、かなりキャッシュリッチな人々が集まる店なのでしょう。

かつて寿司屋は、はじめての店はいくら取られるかわからないから、恐る恐る行ったものです。しかし、いまはコース主体の店がほとんどで明朗会計だから、誰でも訪れることが出来るようになりました。とはいえ、5万円、10万円は当たり前になっているわけですから、誰でも入れるとはいいながら、その前に「お金さえ持っていれば」という前提がつくのは別の意味で恐ろしいことです。こうした高額寿司店が多くなるにつれ、かつての飲食店のマナーが置きざりにされ、今回のようなトラブルも多くなってきました（この件はその後、女性と店主が和解して終わったようです）。

若造は入ってはいけない店

私が「外食」の世界に首を突っ込むようになったのは1980年代前半のこと。当時はネットもなかったので、情報は限られた人にしか届いておらず、誰もが「いい店」にアクセスすることは出来ませんでした。

それればかりか、店は存在していて、そこに行く資金があったとしても、「若造は入ってはいけない店」というものがありました。

まず値段がわからなかったのです。先述のように寿司屋はその典型で、食べログもミシュランガイドもない時代は、銀座の寿司屋のカウンターで好きなものを注文したらいくら取られるのか、まったくわかりませんでした。しかも当時はおまかせやコースという便利なものがありませんでしたから、客のほうにも、そのときどきの旬のネタを頼むだけの器量が要求されていたのです。

最近、銀座の雑居ビルの空中階の奥にある割烹にネット情報を見て行った若い客が「料理の内容に比して法外に高い値段を取られた」とか「常連ばかりと話をして無視された」とか「彼女の誕生日に行ったのに雰囲気が悪かった」とか「禁煙でないのはおかしい」などと批判している記事をたまに見ることがあります。いまのコンプライアンスでは彼らの言い分が正しいこともあるかもしれませんが、昔の常識なら、「この客はそもそも入ってはいけない存在なのだから、そういう扱いをされてもしょうがない」となったでしょう。店側からすれば、高い値段は彼らのような一見客が入らないための方便ですし、常連客たちは、知り合いしか来ない居心地の良さを享受するために高い値段を払うことを当たり前と考えているわけです。このような店はそうした暗黙の了解のもとに成り立つわけで、いわゆる「コスパ」とは無縁の世界なのです。

ただ、そんな時代ははるか昔のこと。いま、外食は身近なレジャーになりました。わかりやすい店が多くなり、誰でもアクセス出来るようになりました。しかし、まだ個性的な個人店がぎりぎり残っています。

「外食の歴史」というと、1970年代に「マクドナルド」や「すかいらーく」が出来て、チェーン店が引っ張ってきた歴史として描かれる場合が多いのですが、その裏では、魅力的な個人店が数多く出来て、10年ほどで消えていきました。それらが書き残されることなく歴史の闇に埋もれることが、私は残念でなりません。そこで本書では、個性的な店たちとその仕掛人、客の関係を描いてみようと思います。

東京は「世界一の美食都市」

いまや東京は「世界一の美食都市」と言われています。ネットやブログには「東京の食は美味しい」「もう一度東京に美味しいものを食べに行きたい」という文字が躍り、世界中から観光客が訪れています。

たとえばコロナ禍真最中の2021年に行われた「コロナが落ち着いたら行きたい国」調査で日本は1位になっています（日本政策投資銀行と日本交通公社が共同で行った「アジア・欧米豪 訪日外国人旅行者の意向調査」2021年10月）。

これは、中国、台湾、韓国、米国、英国など12地域6000人余りに「次に海外旅行したい国・地域」について聞いたもので、アジアと欧米豪、どちらを対象としたアンケートでも、日本がトップという結果でした。しかも、日本を訪れたい理由をさらに聞いたところ「食事が美味しいから」という回答が全体で80%を超えているのです。コロナで鎖国状態にある中、早く旅行に行きたい世界中のインバウンドが、日本に美味しいものを食べに行きたいと考えていたわけです。

コロナが明けてからの調査でも傾向は一緒です。日本政府観光局（JNTO）が2023年1～3月に世界22市場を対象とした「国外旅行・訪日旅行に関する新たな調査結果」を発表しましたが、行きたい旅行先として、東アジア・東南アジア地域では、10市場中9市場で日本が1位。欧米豪・インド・中東地域でも、大半の市場で日本が上位5位以内に入りました。そして、旅行の目的について聞くと、全22市場の合計で「ガストロノミー・美食」という項目が1位なのです。やはり、日本に行って美味しいものを食べたいのです。

その根拠のひとつには、ミシュランガイドの掲載店舗数があると私は思っています。2023年12月に刊行された『ミシュランガイド東京2024』によると、掲載されたのは全部で504軒でした。その数には「価格以上の満足感が得られる料理」であるビブグルマン127軒、今回から初登場したセレクテッドレストラン194軒、持続可能なガストロノミーに対して積極的に活動しているミシュラングリーンスター11軒を含んでいますが、三つ星12軒、二つ星33軒、一つ星138軒の総計183軒だけを取っても、東京は世界一の星の数を誇ります。ちなみに人口あたりの星の数では京都が世界一ですから、東京のみならず、日本こそ美食の国と言っていいでしょう。

そもそも東京は、ミシュランガイドが2007年にはじめて登場した時から「世界一の美食都市」と言われました。そのときの三つ星の数は8軒、二つ星は25軒、一つ星は117軒で総計150軒。当時のミシュランガイド編集の総責任者であるジャン＝リュック・ナレさんは、このように語っています。

〈「掲載されたすべての店に星がついたのは世界初。調査をするうちに、東京にはすばらしい店がたくさんあることが分かり、しかるべき結果となった。東京は、世界一の美食の町だった。特に日本料理には敬意を評《ママ》し、6割選んだ。すばらしいセレクションができたと思う」と話した〉（「朝日新聞デジタル」2007年11月19日配信）

しかし、1967年に創刊され、2016年版まで約50年間続いた東京のグルメガイドの草分け『東京いい店うまい店』（文藝春秋）には、創刊時点でフランス料理17軒、中国料理35軒が掲載され、それ以外でもイタリア料理、ドイツ料理、スペイン料理、ステーキ、ハンガリア料理、ユダヤ料理、インド料理、インドネシア料理などが載っています。

そして、同書のまえがきには、このように書かれています。

〈まさに東京こそ世界の食都です。

食べもの屋、レストランの数からいっても、世界一であるだけでなく、せまいながらもこの日本の各地の食べもので、名物といわれるものは、ほとんど、東京で食べられるし、世界各国の料理も一応以上に、味わうことができます〉

つまり東京は少なくとも60年近く前からすでに、世界中の料理が食べられる美食都市だったのです。

庶民とは隔絶していた初期の美食家たち

ただ当時、その美食の恩恵にあずかれたのは限られた層の人々でした。

創刊時の『東京いい店うまい店』は池部良、犬養道子、江上トミ、川喜多和子、三木鮎郎ら16人からの推薦によって、狩野近雄、古波蔵《こはぐら》保好、東畑朝子の3人が原稿を執筆していますが、狩野さんは毎日新聞社の政治部記者からスポーツニッポン社長に転じ、美食家として数々の著書を著していますし、古波蔵さんもやはり毎日新聞記者からエッセイストとして有名になった人物です。東畑さんは、農業経済学者として有名な東畑精一氏の次女で栄養評論家の草分けとして有名です。推薦人の16人も芸能人、政財界人、文化人などで、みなさん、余裕のある方々であることがわかります。

狩野さんの著書『好食一代』（1974年、三月書房）は、銀座の地域情報誌「銀座百点」に連載された食対談をもとにした随筆集ですが、ここに収録された対談相手には、團伊玖磨《だんいくま》、檀一雄、藤原義江、坂東三津五郎、池田弥三郎といった有名文化人の名前が並びます。狩野さんの記述によると、その頃の政界の美食家は鳩山一郎、芦田均、江田三郎、財界では中山素平、伊藤忠兵衛といった面々なのだそうですが、いずれも庶民とはほど遠い存在です。

実は、東京のグルメガイドの出版史は古く、そうした本の収集を趣味にしている私の蔵書を引っ張り出した限りでも、すでに1960年には『東京たべあるき』（中屋金一郎編著、北辰堂）が出版されていますし、『味のしにせ』（読売新聞社編集局編、1961年、北辰堂）、『東京うまい店二〇〇店』（奥野信太郎等編、1963年、柴田書店）といったものが続きます。中屋金一郎という編著者がどういう人なのかはわかりませんが、『東京うまい店二〇〇店』の編者4人は、文化人として有名な人ばかりです。

ところが、ミシュランガイド東京が創刊されるまでのおよそ50年間で、美食体験が出来る人々の層は変化していきました。わかりやすく言えば、限られた富裕層から一般人に拡がっていったと私は思っています。その移り変わりが始まったのは、外食産業が発展していった1970年代からだと考えていますが、細かく観察すると、その前の1960年代後半から、その萌芽が見え始めていました。

東京レストランの原点「レンガ屋」

私の食の大先輩に安倍寧《やすし》さんという方がいらっしゃいます。1933年生まれで都立日比谷高校から慶應義塾大学文学部卒。日本の音楽評論家の草分けのような方で、長く「劇団四季」の役員を務められ、60年代からのレストランシーンにも造詣が深いのですが、安倍さんに以前、「東京のレストランを形作った店はどこですか」とうかがったところ、彼の答えは「レンガ屋」でした。

安倍さんによると、1950年代までで洒落た料理を出す店となると、ホテルしかなかったそうです。ホテルといっても、帝国ホテルくらいで、60年代になってようやくホテルオークラが開業したのですが、そこのフランス料理レストランでも、メニューに載るのは、舌平目のムニエルや牛肉ステーキ、ポタージュといったオーソドックスなものばかりで、客はワインもほとんど頼まなかったといいます。

そんなときに開業したのが「レンガ屋」でした。１９５６年のことで、場所はいまで言えば溜池と六本木の中間くらいの麻布今井町で、オーナー（マダム）は稲川慶子さんでした。彼女は北海道出身で戦後、女性ではじめて慶應義塾大学文学部仏文科を卒業したのち、パリに留学。帰国してレンガ屋を開店したのです。

「レンガ屋」が出している小冊子『レンガ屋』に寄せられたコラムがネットで紹介されていました（「daily-sumus2 レンガ屋」２０２０年７月１日）。それによれば、食通で音楽家の團伊玖磨さんは、こう稲川さんを描写しています。

〈マダムの稲川慶子さんとは、レンガ屋が麻布にあったもっとその前、彼女がソルボンヌとコルドン・ブルーに学んでいたパリ時代からの親友で気が置けない〉

「三田文学」同人で、作家の田久保英夫さんによると、

〈僕が慶応仏文の学生の頃、同じ科にひときわ年若い女学生がいた。色白で、眼鏡をかけ、きれいな山の手言葉を喋るその女の子は、すぐ男の学生たちの注目をあび、誰かが

金魚［ポアソン・ルージユ］と名づけた。その女の子が通ると、何となく色彩的で、金魚の赤いひらひらが揺らめくような気がしたのだ。

かの女は卒業すると、仏蘭西へ行き、それからまもなく麻布に、レストランを出した。（中略）そのお店は、やがて銀座の並木通りへ移った。壁のレンガや、テーブルクロスの清潔な格子のインテリアも、そっくり変らずに。そして何より、店のご主人の金魚のようなあでやかな雰囲気も、きれいな山の手言葉もそのまゝに〉

当時の仏文はインテリ文学青年の溜り場でしたから、稲川さんは、彼らのあこがれの女性だったということなのでしょう。

文中にあるように、レンガ屋はその後、1965年に銀座へ移転しました。そのころが絶頂期で、1969年に代官山店を開店していますが、さまざまなトラブルから、店はすべて閉店したようです。代官山店の場所は現在、フランスの郷土料理「レストラン・パッション」になっています。

あまり知られていませんが、彼女は1972年に当時のフランス料理の大御所、ポール・ボキューズを日本に招聘、フランス料理の進歩にも大きく貢献しています。

そのレンガ屋を嚆矢にして、この時代はいくつかの象徴的なフランス料理店が街場に出来ました。その筆頭が1966年に銀座の数寄屋橋交差点にあったソニービルの地下3階に出来た「マキシム・ド・パリ」です。パリにあった本店は、シャトー・マルゴーをふんだんに使った煮込み料理を出すなど絢爛豪華な店で、時の有名人、芸能人、政財界人がこぞって訪れる店として知られていました。それを当時ソニー副社長だった盛田昭夫さんが、インテリアもパリとほとんど一緒に、日本に持ってきたのです。

盛田さんは当時の苦労を、このように書いています。

〈フランス料理店はまだ非常に少なくて、しかも本格的なものは一軒もなかった。／私はそれまでもフランスへ行くことが多く、パリの「マキシム」とそのオーナーのルイ・ボーダブル氏をよく知っていた。（中略）ボーダブル氏を訪ね、本格的な室内装飾、フランス人のシェフ、同じメニュー、ワイン、テーブルサービスといった、パリの本店そのままの「マキシム」を東京に開くアイデアを持ちかけた〉（盛田昭夫『MADE IN JAPAN』1987年、朝日新聞社）

開店当日は皇族や各国の大使が招待され、華やかなディナーレセプションが開催されたと聞きます。

先述のグルメガイド『東京いい店うまい店』初版には、レンガ屋やマキシムをはじめとして17軒のフランス料理店が掲載されていますが、この2店に加え芝公園「クレッセント」、赤坂「シド」など、いまや伝説として語られている店をのぞけば、どちらかと言えば洋食系の店でした。それだって当時の日本人には雲の上の存在でしょうが、フランス料理店に出没出来るのは、さらに上の層に限られていたということです。

1970年のファミレス誕生

外食産業の歴史は、福岡でフランス料理レストランやパン屋を経営していた「ロイヤル」が1970年の大阪万博でセントラルキッチンで作った食品を大阪に運び、ステーキハウスやカフェテリアなどを営業したことから語られることが多いようです。万博開催期間中は当時で2億円を超える売上高で、出店した各国のレストランを押さえて1位になったと言われます。

同じ1970年には東京都下に、のちにファミリーレストラン（ファミレス）の第1号と言われる「すかいらーく」が誕生します。食品スーパーを経営していた横川4兄弟がアメリカを視察し、そこで見たコーヒーショップから、郊外型のファミリーが気楽に訪れることが出来るレストランの着想を得たと言われます。

ロイヤルも翌1971年に北九州市に「ロイヤルホスト」1号店をオープンしています。東京、大阪、福岡に同時期に外食産業が勃興したわけで、1970年が「外食元年」と呼ばれることがあるのは、それゆえです。

当時は、高度成長を果たした日本が海外に肩を並べようと躍起になっていたころです。週末を楽しむ程度の余裕は生まれたものの、家はまだ公団住宅が標準でした。間取りは2DKで50平方メートルほど、台所は狭く、自宅には本格的な料理が出来るような設備はありませんでした。そのかわり、モータリゼーションが発達して自家用車で郊外のファミレスに行けるようになり、それがご褒美のようになったわけです。

私はロイヤルホストやすかいらーくが「ファミレス」というカテゴリーを作り、そこに通う人々が外食産業の隆盛に貢献したのは事実だと思いますが、それを表とすると、裏には個人の飲食店の営みとそれを支えた客があるはずだと思っています。郊外ではなく、都心の美味しいレストランを探そうとしはじめた層です。

そして、そちらから観察する東京の外食史は、ファミレスと同じく1970年前後にビストロが都内に同時多発的に出来たことから始まったと思っていますが、そのことを語るには、日本のフランス料理の歴史から見てみる必要があります。

日本のフランス料理史

日本のフランス料理は明治時代から始まります。江戸時代が終わり、肉食が解禁され、欧米への視察が始まったことにより、日本人の西洋料理への需要が高まったのです。

そして1872年、築地に日本で初めての西洋料理店「築地精養軒」が出来たことにより、西洋の食文化が東京に広まりました。築地精養軒は、外国の貴賓の接待場所として使われたため、以後、政府や皇室主催の晩餐会はフランス料理主体となったのです。

「天皇の料理番」として知られ、ヨーロッパの一流ホテルで修業したのちに宮内省大膳寮の初代主厨長となった秋山徳蔵さんは日本の最初のスターシェフと言えるでしょう。私は彼の著書『料理のコツ』（1959年、有紀書房）が好きで、若いころはそれを読んで料理を作ったものです。1960年代に大人気になった帝国ホテルの村上信夫《のぶお》総料理長、ホテルオークラの小野正吉《まさきち》総料理長も、日本においてフランス料理人気を高める、秋山さんの次の世代のスターシェフでした。

シェフではありませんが、1960年に辻調理師学校（現・辻調理師専門学校）を設立し、「僕は料理界の東大へ行く」のCMで有名になり、多くの料理人を世に送り出した辻静雄さんも日本のフランス料理に多大な貢献をしました。辻さんは、戦後にミシュランの三つ星、二つ星をすべて食べ歩き、フランス料理に関する本も多数執筆しています。彼は晩年、自宅に友人を招き、辻調の各部門の先生による個人的なパーティーを定期的に開催していましたが、フランス料理が一番人気だったそうです。

辻さんは『料理に「究極」なし』（1994年、文藝春秋）でこう書いています。

〈フランス人というのは、外国のというか、ヨーロッパの中でいろんな国の食べ方のおいしいのだけとり入れるのが上手です。そして誰がきても、フランス料理を食べさせようとする〉

このように、フランス料理は日本の高級料理の象徴、富裕層の料理だと思われていたのですが、そこに「ビストロ」という庶民的な家庭料理のレストランが登場したことで、裾野が拡がりました。これが1970年前後のことです。

ビストロとは「誰でも気軽に利用出来るレストラン」を表す言葉で、日本で言えば居酒屋や食堂のような業態ですが、フランスコンプレックスの強い日本人にしてみれば、単なる居酒屋や食堂とは違う、ある種のバタ臭い響きもある飲食店です。とはいえ、メニューに並ぶのはポトフやコンフィ、テリーヌなどフランス人の食卓に普通に並ぶ家庭料理ばかりで、どれもようやく海外に行けるようになってきた日本人に馴染みの料理でした。

ビストロ第1号は、1969年に出来た「シェ・フィガロ」と言われます。オーナーシェフの入部《いりべ》隆司《たかし》さんは、1941年福岡県生まれ。大学在学中に料理人を目指して渡仏。当時三つ星レストラン「マキシム」「ラセール」の厨房などで働き、西麻布に日本初のビストロ「シェ・フィガロ」を開店したのです。

同じ年に少し遅れて渋谷「シェ・ジャニー」がオープンし、1971年には青山「イル・ド・フランス」、1973年には西麻布「ビストロ・ド・ラ・シテ」と、ビストロが続々と出来たことで、フランス料理の大衆化の先鞭を付けたわけです。

思い出のビストロ「シェ・ジャニー」

なかでも私に一番馴染みがある店は、渋谷のシェ・ジャニーでした。というのもフランス料理の基礎を教えてくれた大先輩がシェ・ジャニーの料理を好きで「毎日のように通っていた」と話してくれたからです。

シェ・ジャニーは当時、渋谷区の消防署があるため「ファイヤーストリート」と呼ばれる通り沿いにありました。オーナーシェフである春田光治さんは「ジャニー」と呼ばれ、1940年生まれ。中等部から慶應義塾に進み、フレンチを独学で勉強し、大学卒業後に渡仏しました。その後はスイスやベトナムの日本大使館の公邸料理人として腕をふるったのですが、帰国。そしてシェ・ジャニーを立ち上げたのです。

私は残念ながら渋谷時代には訪れていないのですが、「素人には料理の流れがわからない」というモットーから、メニューは彼の考えるコースのみだったと言われます。

店には多くの芸能人、文化人が訪れましたが、「東京の客はフランス料理がわかっていない」と悩んだ末、シェ・ジャニーは1980年代後半に岩手県の安比《あっぴ》高原へ移転しました。

安比では、フランス料理店を経営するかたわら、狩猟や渓流釣りで獲った獲物を都内のレストランに卸していたのです。私にフランス料理を手ほどきしてくれた先述の先輩は、ジャニーさんからスーシェフ（副料理長）を譲り受け、銀座にフランス料理店「ドデュ・ダーンド」を開きました。私はそこでジャニーの料理を学びました。

シェ・ジャニーは2015年に盛岡へと移転しましたが、ジャニーさんは2020年に亡くなりました。私は銀座のドデュ・ダーンドや安比高原と盛岡でジャニーさんの料理を食べたことを思い出します。彼の作った「仔羊の挽肉とナスのムサカ」や、「トリップ・アラモード・カン」はことのほか美味しかったと思います。

1981年刊行の『レストラン・シェ・ジャニー シェフ春田光治 魅惑の南仏料理』（中央公論社）でジャニーさんはこのように書いています。

〈私が店をはじめた頃にはホテルのような大きなところを別にすれば、フランス料理を専門に食べられるお店は私の店を入れて東京に数軒ぐらいしかありませんでした。

私はそんな頃から、普通のフランス人だったらめったに食べない高級料理や見かけだけの派手な宴会用料理よりも、実際においしい家庭的なものを中心にした料理を心掛けてきましたが、いまもその考えは変っておりません〉

ジャニーさんが書くように、こうした考え方によって、フランス家庭料理が日本のフランス料理の一翼を担ったのです。

フランス帰りのシェフたちが続々と開店

そして、もう一方の基礎は、フランス帰りのシェフたちが起こした本格的フランス料理のムーブメント。井上旭《のぼる》、石鍋裕《ゆたか》、鎌田昭男、斉須《さいす》政雄といったシェフたちが19

60年代から1970年前後に相次いで渡仏し、帰国して東京に続々と本格的なフレンチレストランを作ったことで、1960年代の限られた層を相手にした狭い世界のフランス料理ではない、開かれた本格的フランス料理の時代がやってきたのです。

京橋にある「シェ・イノ」を作った井上旭シェフが日本を離れたのは1966年のことでした。最初はスイスとドイツのレストランで働き、フランスに渡って数軒の店で修業したあと、フランス中部ロアンヌの三つ星レストラン「トロワグロ」に入ったのですが、そこで人生が変わったと彼は後年、話しています。

井上シェフは1972年に帰国しましたが、帝国ホテル、レカンを経て京橋に「ドゥ・ロアンヌ」を開店。1984年にやはり京橋に「シェ・イノ」を開いて独立しました。

「ソースの井上」と言われるほどクラシックながら華麗な料理で、私は定番ながらも、彼の作る「黒トリュフのピューレ入りラヴィオリ」や「仔羊のパイ包み焼き〝マリアカラス風〟」が好きでした。井上さんは日本にフランス料理ファンを増やすことに大いに貢献しましたが、2021年に亡くなりました。

西麻布「クイーン・アリス」で一世を風靡し、初代「フレンチの鉄人」としても活躍した石鍋裕シェフが渡仏したのは1971年のことでした。その前年に行われた大阪万博で働き、西洋料理へのあこがれが強くなったことがきっかけで、「マキシム・ド・パリ」「ヴィヴァロワ」「ムーラン・ド・ムージャン」などの名店で働いて帰国しました。その後、六本木の「ビストロ・ロテュース」シェフとして有名になり、1982年、西麻布に「クイーン・アリス」を開店したのです。女性が好みそうな店名とフェミニンな内装、そして当時のフランス料理としてはリーズナブルな価格で、彼がフランス料理を大衆化した旗頭と言われています。

そのほか、1971年に渡欧し、帰国後は「ホテル西洋銀座」総料理長になった鎌田昭男さん、1973年に渡仏し、パリのレストラン「ランブロワジー」を二つ星にすることに貢献したのち、東京で「コート・ドール」を立ち上げた斉須政雄シェフなど、いまではレジェンドのようなシェフたちがこの頃、本格的なフランス料理を日本に紹介するようになったのです。彼らの下で修業したシェフたちも膨大な数にのぼります。彼らの活躍が、来る1980年代のグルメブームの下支えをしたのです。

第2章　バブル前夜

フランス料理に10年遅れてイタリア料理が隆盛に

フランス料理が1970年代からビストロで大衆化したとすれば、イタリア料理の大衆化は、それから10年ほど遅れます。

旧華族の血筋を受け継いだ川添浩史《ひろし》・梶子夫妻が港区・飯倉に「キャンティ本店」を開店したのは1960年ですからフランス料理の勃興期と重なりますが、キャンティは洒落たイタリア料理がメニューに並び、田辺靖雄《やすお》、中尾彬《あきら》、大原麗子、小川知子、井上順、ムッシュかまやつ、福澤幸雄《さちお》といった遊び人のグループ「野獣会」や、作家、映画人、文化人など東京のスノッブに愛される料理店でクローズドな客層でした。フランス料理の「レンガ屋」のような存在だったと言えるでしょう。

しかし、キャンティ以外の当時のイタリア料理店はほとんどが軽食系で、1967年発行の『東京いい店うまい店』でもイタリア料理の掲載店はフランス料理の3分の1ほどしかありません。本格的なイタリア料理店はまだ、ほとんどなかったのです。

そのかわり、ピザやスパゲティなどの単品料理が独自に発達していきました。わかりやすい例が和風スパゲティ専門店「壁の穴」です。1953年に開業しましたが、「たらこスパゲティ」や「納豆スパゲティ」など日本の食材と醤油などを使った独自のメニューが評判を呼び、「和風スパゲティの元祖」として複数の店舗を展開しました。そこから派生した店も数多く存在しています。

日本におけるピザの元祖は、1954年に六本木で開業した「ニコラス」と言われます。創業者はニコラス・ビンセント・ザペッティさん。アメリカにある洞穴風のインテリアで、ジュークボックスからは最新のヒットナンバーが流れ、ピザを中心にして、ラザニアやスパゲティ、ステーキが出されました。皇太子時代の明仁上皇も常連だったと言われています。

フランス料理においてのビストロはすでに紹介しましたが、イタリア料理に関しては「カジュアルイタリアン」という分野が出てきました。そのひとつに「イタリアントマト」のフランチャイズ展開があります。

イタリアントマトの第1号店が出来たのは１９７８年ですが、81年からフランチャイズ展開を開始。大学生を中心に「イタトマ」という愛称で愛され、デートの定番として評判になったのです。１９８５年には１３０店舗以上となっています。

当時のファミレスでは食べられないパスタやカプレーゼなどが人気で、イタリアの伝統的な料理に日本人の味覚に合わせたアレンジを加え、親しみやすい料理をリーズナブルに提供したのがブレイクの理由とされました。

「カプリチョーザ」も、日本にイタリアンを定着させたイタリア料理チェーンです。カプリチョーザはイタリア語で〝気まぐれ〟という意味。オーナーシェフは、イタリア国立エナルクホテル学校を日本人としてはじめて首席で卒業した本多征昭《まさあき》さんです。大阪万博のイタリア館のシェフを経て、イタトマと同じく１９７８年に渋谷で1号店をオープンしました。その後、１９８５年に株式会社ＷＤＩとフランチャイズ契約を結び、全国展開を開始。最盛期には全国に１００店舗以上ありました。海外でもアジア、アメリカなどに多数出店したのです。

カプリチョーザのコンセプトは、南イタリアのトラットリア（大衆食堂）。当時、流行っていた大皿惣菜居酒屋のスタイルをイタリア料理に取り入れ、本場の味を気取らずにわいわいと取り分けて楽しめるため、味だけでなく、ボリューム、お値打ち感が受けたのです。なかでも「トマトとニンニクのスパゲティ」は絶品で、開業してからすでに45年以上経ちますが、多くの年代に愛されています。

「居酒屋以前」の日本料理と「ヌーベルシノワ以前」の中国料理

日本料理が東京に古くから存在したのは当然ですが、料理の世界で言えば、日本料理は東京より関西で発達していました。というのも、当時の東京の日本料理は畳敷きの個室での宴会料理中心で、気軽な外食に似合う雰囲気ではなかったからです。

ところが昭和初期に、これまで関西にあった「本店浜作」「出井本店」「大隈」「梅もと」「新太炉」などの割烹が東京に進出。カウンターで板前と丁々発止しながら、食材を好きなように料理して食べられる板前割烹、喰い切り割烹の楽しさが広まってきたことで、東京にも大きな変化が生まれました。

さらに、そうした初期の喰い切り割烹で修業して独立したり、関西からやってきた料理人たちが、戦後の東京の日本料理を形作りました。京都裏千家ご用達の仕出し屋から始まった、銀座の割烹「辻留」(現在は赤坂に移転)の辻義一さん、西園寺公望のお抱え料理人だった天才肌の父を持ち、京都で修業したのちに東京に店を出した新橋「京味」の西健一郎さんなどが代表です。

そのほかにも、陶芸家でありながら、美食家と呼ばれた北大路魯山人が作った美食倶楽部「星岡茶寮」で活躍した料理人たちが独立したことで、その流れを汲んだ店も出てきました。銀座「割烹中嶋」や、かつて一世を風靡した「銀茶寮」がそうです。

その一方、庶民を中心に発達したのが居酒屋文化です。実は戦後復興期は、居酒屋という形態よりも屋台や小料理屋が主流でした。これらの飲食店は労働者やサラリーマンたちが気軽に立ち寄り、リラックス出来る場所として重宝されました。

しかし、それらは小さい店がほとんど。1950年代あたりから大手チェーン居酒屋が出現し、ようやくゆったりと楽しめる、サラリーマンの憩いの場が誕生したのです。

中国料理は、太平洋戦争に召集されて中国本土で家庭料理を経験した日本人や、日本に渡ってきた中国人の影響により、餃子やラーメンなどの庶民的な料理から普及したと言われます。一時期国交が断絶したことで本格的な料理が広まるまでには時間がかかりましたが、中国から逃れてきた日本華僑や香港華僑の努力によって、西新橋を中心にして高級中国料理が普及しはじめるのが1950年代以降と言われます。60代以上の日本人なら覚えているでしょう、「リンリンラン留園」のCMで有名な「留園」が開店したのは1960年で、同じころ、「四川飯店」「中国飯店」といった大型中国料理店が西新橋周辺に出来ました。

古いグルメガイドを読んでいると東京の中国料理店には、上海料理と北京料理、四川料理がとても多いことがわかります。上海料理で言えば銀座「東京飯店」「維新號」、赤坂「山王飯店」「樓外樓飯店」など、北京料理は西麻布「北海園」、六本木「香妃園」、新橋「北京飯店」など、四川料理は目黒「香港園」、新橋「四川飯店」などです。

現代では、中国の高級料理と言えばホテルの広東料理が有名ですが、それは中国料理の新潮流「ヌーベルシノワ」が日本にも輸入され、ホテル内の中国料理が全盛となった1980年代に入ってからのことでした。

グルメメディアの百花繚乱

1970年代に入ると、マスコミは空前の雑誌ブームになります。70年代は若者文化が隆盛を極めた時期で、ファッションや音楽、アートなどが融合した「新しい文化」が生まれました。雑誌はこれらのトレンドを取り上げ、若者たちに向けてさまざまな情報を提供していったわけですが、それは食文化でも同様でした。雑誌は本よりも情報が早く、週刊誌は特に早いわけですが、週刊誌がこぞって「グルメ」を取り上げはじめるようになったのもこの頃です。

・「食通が推薦した味自慢の店」（「週刊女性」、主婦と生活社）
・「東京で食べられる世界の味」（「週刊平凡」、平凡出版〈現・マガジンハウス〉）
・「浅草のにおいが漂う銀座の一角　安いメシ屋」（「週刊文春」、文藝春秋）

このようなタイトルを見ると、有名人が指南したものに加えて、編集部が食べ歩きしたものが登場してきたことがわかるでしょう。メディア自身が「有名人」の仲間入りをしたわけです。

1970年代初頭には、最先端女性誌の教祖的存在と言われた「アンアン」や「ノンノ」が相次いで創刊されました。彼らは日本だけでなく、フランスやイタリアの食を取り上げ、「パリの誇る最高の味」「日本で味わえる世界の料理大特集」など、海外の憧れの味を紹介していきました。

グルメに関する本も数々出されていますが、当時は有名人が書いたものがほとんどです。たとえば丸谷才一『食通知つたかぶり』（1975年、文藝春秋）は作家が訪れた料理屋の評判記でベストセラーになりましたが、これも丸谷さんならきっと美味しいものを知っているに違いないと思われたからでしょう。

私は同じ年に出た坂東三津五郎（八世）の書いた随筆集『食い放題』（日本経済新聞社）が愛読書なのですが、なかでも坂東さんがうどをたくさんもらったので、割烹「辻留」に届けたところ、お返しにひらめの縁側のどんぶりが届いたという話が好きで、あまりにも美味しかったので後日、お願いしたら、

〈「お届けした縁側、あれはあの日ひらめのよいのを使いましたので、（中略）あれ十人前作ると一匹二万円のひらめが五ついります。刺し身十人前で十万円もらえますかいナ。やめときやす」〉

とたしなめられたという内容です。歌舞伎俳優だからとはいえ、当時の贅沢なエピソードです。

「料理評論」というジャンルを作った山本益博

1980年代、まだネットはなく、普通の人々は簡単に広範な情報にアクセス出来な

い時代でした。が、信頼出来る人々の口コミ情報をコツコツと集め、地道に飲食店をまわったひとりの若者が世に出ました。「有名人やマスコミだからといって美味しいものをわかっているわけじゃない」と世の中の風潮に一石を投じ、1982年に『東京・味のグランプリ200』（講談社）を引っ提げて世に出た山本益博《ますひろ》さんです。

山本さんは東京の下町生まれ。早稲田大学を卒業後、落語評論家としてデビューしましたが、下町の食事情に興味を持ち、独学で食べ歩いた結果、「料理評論」というジャンルを新しく開拓したのです。

それまでも文芸評論家、映画評論家などはいましたが、食は評論をするほどではないと思われていた分野でした。それを山本さんは一変させたのです。彼の登場で「グルメ業界」の考え方は一気に変わったと言っていいでしょう。いまでも食メディア業界では「益博以前、益博以後」と言われるほどです。

これまでのガイドは先述のようにマスコミや有名人に聞くだけで、どんな基準で選んだのか、選定の経緯が表に出てきませんでしたが、山本さんはこの本で、店の選定基準と味の批評基準を明らかにして200店を選び、独自に格付けするという、当時はまだ誰もやったことがないことを行ったわけです。

その時、山本さんは34歳。デビュー作では、このような決意を表明しています。

〈味の格付けほど難しいものはありませんが、それに敢えて挑んでみたわけです。ガイドブックは単なる紹介による情報案内だけではなくひとつの主張をつらぬく使命があると考えるからです〉

その根幹にあるのが「有名人やマスコミが推薦しているからといって、すべて美味しい店であるわけではない」という主張で、これまでのグルメガイドが好意的に取り上げていた店をはしから訪れ、山本さんの視点で評価出来ない店であるなら、忖度せずに論評したのでした。

〈無印は、食べてみる甲斐のない味、といってみたらよいか、どこかのガイドで取り上げられていながら、実際には現在その値打ちがほとんどない店です。（中略）ではなぜ積極的にすすめない無印の店を掲載したのかといいますと、これらの店にいい加減な評価を与えているガイドブックを批判したかったからなのです〉

各店舗への批評は、こんな具合です。

〈こはだはまるで生っぽいし、あなごはさらにだらしない。あなごにつけるツメに至っては論外である〉

〈つゆはそば湯を加えても飲めた代物ではなかった〉
〈こんなまずい動物のえさのような豆のてんぷらを食べさせられては〉
これが実名の店に対して語られるのです。普通の人は「美味しい」の基準がはっきりしていないため、有名人が「この店は美味しい」と言えば、悪気なく、美味しい気分になりがちです。しかし山本さんはブレない評価軸を持っていたため、自信をもって「旨い、まずい」を区別出来たのです。

私も発売直後にこの本を読みましたが、「すきやばし次郎」「みかわ」といった、これまでのガイドブックではあまり大きく取り上げられなかった店が、山本さんの本では高く評価されていたことに驚きました。当時は疑問に思った人々も多かったようですが、現在においてそれらの店が名声を確立していることを考えると、山本さんの評価基準はけっして間違っていなかったと思います。

山本さんはその余勢をかって翌83年、フランス料理評論に特化したガイド『グルマン1984』(新潮社)を上梓しました。こちらはフランス料理評論家の見田盛夫さんとの共著でした。

当時、フランス料理を評論していた方には、このふたりともうひとり、佐原秋生《さわらしゅうせい》さんがいました。佐原さんも見田さんも食いしん坊のあいだではかねてからフランス料理通として知られていましたが、佐原さんは日本航空、見田さんはTBSのサラリーマンだったため、身軽な山本さんのほうが表舞台に出やすかったのかもしれません。

実は1980年から数年間出された、往年のフランス料理ファンには有名な「季刊・味のコレクション　饗宴」（婦人生活社）という雑誌がありました。創刊号には「酒と女のある風景」「日本の食生活を変えたこの店・この料理」「味覚的京都論」といったタイトルが並び、登場した筆者も野坂昭如、色川武大、澁澤龍彥、日高敏隆、徳大寺有恒など、かなりディレッタントな名前ばかりなのですが、そこでフランス料理に関する座談を連載していたのがこの3人だったのです。

『グルマン　1984』でも、おふたりは実名できびしい批評をしています。

〈あるガイドブックは「料理は東京で求めうるフランス料理中の一流といえよう」と書いている。確かにキャヴィア、フォアグラ、トリュフなど高価で贅沢な材料を、さまざまな料理にふんだんに使っている。しかしそれは材料が一流（？）なのであって、それを使ってつくった料理が一流かどうかは別の問題である。（中略）酷評するようだが、すべての内臓に火が通りすぎていた。リドヴォーはゴムと化し、一緒に入っていた腎臓はコリコリでなくなり、フォアグラはパサパサになっていた。いったいあの豊潤な脂肪が抜けたフォアグラに、どんな意味があるというのか〉

〈フランスのレストランの料理とサービスをファッションとしてしか取り入れてないため、どの料理も、せっかくの良質の素材が、人間がヘタに手を加えたために駄目になってしまっている〉

〈仔鳩のローストは、火の通しすぎで肉の風味を飛ばしており、塩の足りないソースがさらに料理を冴えないものにしてしまっている〉

〈端的に言って完璧な火の通り過ぎだった。卵と生クリームはスカスカで海老は固くて味がなかった〉

〈主人の、スマートだが、形にこだわってハートのないサービスも、10年間変わらない〉（いずれも『グルマン　1984』）

フランス料理店を実名で辛口評価したことは大きな波紋を呼びましたが、山本さんは料理評論家として名前を知られ、テレビや雑誌からも引っ張りだこになりました。彼の舌の基準を使い、売れない料理店を繁盛店にしようというシリーズや、人気駅弁を作ろうという企画は、当時としては斬新で、私もよく覚えています。

「食メディア」も、山本さんの登場で変わったと言えると思います。つまり、有名人が感覚的に「美味しい」と言っていればよかった時代から、きちんとした評価軸をもって店を語る時代になったのです。

これまで有名人に頼っていたメディアや既存のグルメガイドも戦略の立て直しを余儀なくされます。私も一時期、編集長を務めた『東京いい店うまい店』は、食通と思われる有名人たちからの推薦で掲載を決めていましたが、その形式をやめ、匿名の美食探偵が東京中を食べ歩き、それをもとにして選考するかたちに変えました。つまり、既存の権威だけで料理店を評価するというシステムが否定されたことを素直に認め、評価システムを一新したのです。ちなみに『グルマン』で〈あるガイドブックは「料理は東京で求めうるフランス料理中の一流といえよう」と書いている〉と揶揄されたガイドブックとは、『東京いい店うまい店』のことだと言われています。当時、編集部では、「ここまで書かれて、こちら側がシステムを変えるのか」という議論があったと後年、聞かされましたが、そんな経緯があっても最終的にシステムを変えたのだとすれば、いい話だと思います。

第3章　バブルへGO！

オープンキッチンとシェフのスター化

前章で述べたように、外食グルメをめぐるさまざまな変革が起きつつあったところにやってきたのがバブルでした。

バブルは金余りの状況で起きました。人々はどんどん物を消費する方向に動いたため、外食産業の進歩を促進させました。その象徴は、１９８５年に出来た原宿「バスタパスタ」だったと私は思っています。

バスタパスタは原宿駅竹下口から歩いて5分ほど、東郷神社向いの瀟洒なビルの地下1階にあった、１００坪ほどのイタリアンレストランでした。オーナーの杉本尉二さんは、それまでも六本木でレゲエライブ店「ホットコロッケ」やディスコ「第三倉庫」など、東京をリードする店をいくつも作るクリエイターでしたが、満を持して本格的なイタリア料理をエンターテインメント空間で食べさせるバスタパスタを作ったのです。

バスタパスタのすごさは、完全フルオープンキッチンで料理人がスターとして扱われたことです。ローマのコロッセウムのような内装で、ダイニングの中央に大きなキッチンがあり、料理人が調理する過程がすべて見える斬新なデザインでした。

後年の大ヒットテレビ番組「料理の鉄人」のキッチンの着想はまさしくこれであり、これまで裏方だったシェフにスポットがあてられ、新たなスターシェフが生まれる素地を作った店でした。しかも客は当時の最先端のファッション関係者やマスコミ、アーティスト達で、誰もが長蛇の列に並んでまで店に入りたがりました。

いまでこそオープンキッチンは当たり前ですが、この店が出来た当時は衝撃的で、メディアはこぞって取り上げました。しかも、そうした店でありながら、フランス料理よりリーズナブル。一気に人気に火が点き、その後のイタリア料理ブームを牽引したのです。

バスタパスタがブームになった頃、私は社会人になったばかりでした。背伸びしてガールフレンドを誘って、中央のキッチンにいるシェフたちが仕事をしているのを眺めながら、「いま彼が焼いているあの肉が僕らのテーブルに来るんじゃないかな」などと話すのが楽しみでした。また、テーブルに敷かれていたのはただの模造紙で、会計を頼むとその模造紙に料理の会計が直に書かれ、会計が済むとまた真白な模造紙が敷かれたのも新鮮でした。ただ、バスタパスタはオーナーの杉本さんが若くして亡くなり、残念ながら2000年に閉店しました。

バスタパスタの初代シェフは、イタリアンの巨匠と言われる山田宏巳《ひろみ》さんでした。それ以降も「ピアットキタミ」を立ち上げた北見博幸シェフ、「リストランテ濱﨑」の濱﨑龍一シェフ、「クラッティーニ」の倉谷義成シェフ、「カノビアーノ」の植竹隆政シェフなどが腕を振るっていました。つまり、いまのイタリア料理業界を支えている錚々たるメンバーが、若かりし時代をここで過ごしていたのです。

エレガントなリストランテ「ビザビ」

ここで個人的な話をすると、バスタパスタの少し前に私がよく通った店は外苑前にあった「ビザビ」でした。たしか、のちに幻冬舎を起こす見城徹《けんじょうとおる》さんと作家の林真理子さんに連れられて行ったのが初めてだったと思います。林さんは直木賞を受賞した直後、飛ぶ鳥を落とす勢いの人気作家になった頃でした。

ビザビは1979年に開業、山田宏巳シェフがバスタパスタの前に料理長をやっていた北イタリア料理の店で、私が通っていたころの料理長は室井克義シェフでした。のちに銀座一丁目にあった「ホテル西洋銀座」のイタリア料理「アトーレ」のシェフになる人で、彼もまたイタリアンの重鎮として知られています。

ビザビはカジュアルなバスタパスタと違って、エレガントなリストランテでした。私が通っているあいだに一度、大きく内装を変え、ちょっとフェミニンになったのですが、最初は白を基調としたデザインで、ビザビに行くときは、きちんとした恰好をして、女性とともに行かなくてはいけない気にさせられたものでした。

メニューもあるにはあったのですが、基本は支配人の橋本さんにサジェスチョンを受け、料理を決めるスタイルでした。サルティンボッカやオッソ・ブーコなど、ここではじめて食べた料理はたくさんありましたが、なかでもイタリアの白ワイン「ガヴィ・ディ・ガヴィ」で作るリゾットが絶品だったことを覚えています。

なにせ、これを頼もうとすると、橋本さんから、

「このリゾットはガヴィ・ディ・ガヴィを頼まないと作れないよ」

と言われるのです。つまり、客が注文したワインを使って作るリゾットで、ボトル4

分の1程度を厨房に召し上げられ、完成を待つ料理なのです。

残念ながらビザビは2010年に閉店しましたが、山田さん、室井さんのほか、「ダノイ」の小野清彦さんなど有名シェフが輩出し、バスタパスタと並んで「イタリア料理界のPL学園」のような存在でした。

バブルと同時進行したイタ飯ブーム

しかし、当時のイタリア料理は、フランス料理に比べれば、まだまだマイナーでした。ライターの畑中三応子《みおこ》さんの著書『ファッションフード、あります。——はやりの食べ物クロニクル1970-2010』（2013年、紀伊國屋書店）によれば、1985年の東京で、前菜からデザートまで提供する本格的なイタリア料理店は15軒前後に過ぎません。

その風向きが変わるのが86～87年でした。イタリアで修業してきたシェフが帰国し、本場の料理を披露し始めたことで、メディアが名付けた「イタ飯」がブームになったのです。イタリア料理はイタリア各地の郷土料理の集成ですから、素朴でわかりやすい。

そこで面倒なフランス料理が駆逐され、イタリア料理が一気にブレイクしたのです。

そんな中でもなによりも本場のイタリア料理店的な雰囲気を出すことで成功した店と

言えば、「ボナセーラ！（こんばんは！）」というイタリア語のあいさつで迎えられるため、食ライターたちからは「ボナセーラ系イタリアン」と言われた「イル・ボッカローネ」や「ラ・ビスボッチャ」です。

これらの店はパスタパスタよりも、さらにイタリア郷土料理にこだわり、直径50センチくらいの巨大なパルミジャーノ・レッジャーノチーズを半分に割り、席の前で中をくり抜きながら作る「チーズリゾット」が名物で、誰もが頼んだものです。

考えてみれば、かつてのピザがピッツァ、スパゲティはパスタと呼ばれるようになったのもその頃からでした。つまり、本格的イタリアンが日本に入ってきてから、まだ30年ちょっとしか経っていないのです。

当時からイタリアンは、フレンチに比べればカジュアルでリーズナブルではありましたが、それでもビザビはふたりで行ったなら3万円超、パスタパスタだって2万円以上かかったと思います。ボナセーラ系は多少安いといっても2万円近くはしたのではないでしょうか。

そんなときに、リーズナブルにイタ飯の雰囲気が味わえるとして流行ったのが「地中海料理」とよばれるジャンル。1966年からある、世田谷・淡島通りの「ドマーニ」

がルーツでした。「イタリア料理」のように地域を限定せず、オリーブオイルを使った料理を供する、地中海を囲む地域全般のレストランを指したため、トルコ、モロッコ、スペイン、南仏、ギリシャなどさまざまな国の要素がメニューには加わっていました。

ドマーニで修業して独立したシェフも多く、住宅街のなかで地元民に愛される店になっていきましたが、どの店もメニュー数が多いのが特徴。なかでも「セウタ」（魚介類のチリソース煮）や「タラモサラダ」（タラコのポテサラ）と呼ばれる料理がドマーニ系の特徴で、これらがメニューにオンリストされていることで「あの系列で修業したんだな」とわかりました。

ドマーニ系のなかでも当時、一番流行ったのは代官山「フラッグス」でした。ふたりで前菜とメイン、パスタを一品ずつ、ワインはカラフェで取れば1万円程度で楽しめたのが、人気の秘密だったと思っています。

しかし、個人的に「当時一番通ったカジュアルイタリアンとは？」と聞かれたのなら、私がまっさきに挙げるのは外苑前「タヴェルナ・アズーラ」です。この店の名前をはじめて聞いたのは青年コミック誌「ビッグコミックスピリッツ」で1986年から連載された「東京軟派のグランプリ」（ホイチョイ・プロダクション）によってでした。

ホイチョイ・プロダクションは、同誌の「気まぐれコンセプト」という広告代理店の内幕を描いた連載漫画で人気を博し、『ミーハーのための見栄講座　その戦略と展開』(1983年、小学館)で一部から熱狂的な支持を得た制作プロダクションです。

代表の馬場康夫さんはのちに映画「私をスキーに連れてって」「彼女が水着にきがえたら」「バブルへGO!! タイムマシンはドラム式」などでヒットを飛ばしました。時代のトレンドやライフスタイルを見抜くことに長けた、まさに「バブルの申し子」のような存在でした。

そのホイチョイが、料理の味ではなく、「女性とやれる!」ことだけに絞ったレストランのガイドが「東京軟派のグランプリ」で、前出の『東京いい店うまい店』をパロディ化して、うまい店が料理の味で評価するなら、こちらは味のことはどうでもよく、「やれるか、やれないか」を「股印」で評価したガイド。いかにもバブル期のコンセプトです。そして、この店は「一つ股」。それを信じて当時、ずいぶん女性と出かけたものです。そちらのほうはガイドの神通力はありませんでしたが、味はガイドのコンセプトとは裏腹に抜群でした。

当時のアズーラは千駄ケ谷駅近くの路地の奥にあり、まさに隠れ家感満載。中に入ると、黒板にイタリア料理の名前がズラッと並び、ライブ感あふれるオープンキッチンで料理が次々と繰り出されるのです。いまでこそ当たり前ですが、あの時代に黒板のメニューから選ぶレストランはアズーラしかなかったと思います。しかもふたりで1万円程度と、若輩でもなんとかデートに使える店だったのです。

あれから30年。ボナセーラ系の教祖、イル・ボッカローネはいまも健在で、わいわいとした雰囲気の中でイタリアンが味わえます。ドマーニはその後、「1966 DOMANI」と名前を変えましたが、２０２３年に閉店しました。アズーラはその後、当時より数百メートルほど青山三丁目寄りにあるビルの地下に移転しました。当初の店よりかなり広くなりましたが、以前と同じように、イワシのパン粉焼きやウニのスパゲティやポルチーニのフェトチーネが名物でした。しかし、コロナ前後にひっそりと閉店しました。

「美味しんぼ」から始まったグルメ漫画のトレンド

バブルとほぼ同時期、コミックの世界では象徴的な連載が人気になっていました。「美味しんぼ」です（１９８３年から「ビッグコミックスピリッツ」誌で連載開始）。

これまでも食を題材にしたコミックはありました。杉村啓『グルメ漫画50年史』（２

017年、星海社新書）によると、最初のグルメ漫画は1970年に掲載された望月三起也「突撃ラーメン」（少年ジャンプ）だそうです。ちょうど外食が認知されはじめた時代です。ただこの漫画はラーメンを通じた親子の復讐譚ですし、1973年に連載が始まった原作・牛次郎、漫画・ビッグ錠の「包丁人味平」（少年ジャンプ）をはじめとする1970年代のグルメ漫画はどれも、どちらかと言えば荒唐無稽な内容のものが多かったといいます。それに対し、美味しんぼはある意味「お勉強漫画」でした。

この漫画は、東西新聞文化部記者の山岡士郎と栗田ゆう子が「究極のメニュー」作りを命じられ、さまざまな確執を乗りこえ、メニュー内容を決めていくというストーリーですが、話題になったのは、登場人物が抱える悩みを食体験を通じて解決する面白さにあったと私は思います。原作者の雁屋哲さんの個人的な主張がストーリーにかなり取り入れられ、食品添加物やコメ輸入自由化、捕鯨問題などを扱ったため、批判対象となった企業や団体などから抗議が寄せられたり、メディアで賛否が分かれるなどしたこともありました。逆に言えば、それくらい社会現象になっていたわけです。テレビアニメやドラマ、映画などにもなりましたし、単行本化されると「究極」という言葉が新語・流行語大賞の金賞に選ばれるなど大ブームになったのも、その表れです。

こうした流れを受けて、グルメ漫画はコミック界のひとつの潮流となりました。その後も「クッキングパパ」「味いちもんめ」「ミスター味っ子」など、さまざまな名作が誕生しています。蛇足ながら、私も数年前に「贅沢おうち御飯」というコミックの料理監修をしました。

「料理オタク」の登場

本や漫画でグルメが取り上げられることで、これまで食に興味がなかった層が影響を受け、「料理オタク」たちが生み出されたのもこのあたりの時代からです。

彼らはオタクですから、食文化を楽しむというより、自己承認欲求の高い人ばかり。当時、フランス料理ファンに名高かったシェフが、次のように嘆いた話を思い出します。

彼らはフランス料理店にデートではなく、研究対象として行くため、ひとりで訪れ、水だけで前菜からメイン、デザートまで真剣な表情で食べるのだそうです。店としてはテーブル席なのにひとり客ばかりで非効率だし、アルコールも頼んでくれないし、周囲のカップルと雰囲気も合わない。

思い余ってシェフは彼らに、「もうしわけありません。みなさま全員、一緒のテーブルで召し上がっていただけませんか」と提案したのだそうです。

しかし、ごく普通の料理オタクたちにとっては、フレンチやイタリアン、ましてや美味しんぼに出てきたアワビやキャビアなどの究極の料理はハードルが高すぎました。

そこで当時、彼らが研究対象としたのはエスニックやB級グルメ、ラーメン、丼が主でした。ベトナム、タイ、台湾などのアジア料理を紹介する単行本や、『ベストオブ丼』『ベストオブラーメン』「B級グルメシリーズ」（いずれも文藝春秋）などがこの時期、相次いで出ています。

実は私も当時、ペンネームを使って「B級グルメシリーズ」で何本か原稿を書いていました。タルタルステーキの歴史を大陸を横断しながら繙いたり、銀座の裏道を探訪したりしたのですが、そのとき編集者からは、読者の大半は男性だと言われました。当時のオタクは男性中心の文化だったからです。

女性誌「Hanako」の功罪

しかし、当時のバブル消費を実際に牽引したのは女性でした。雇用機会均等法（1985年成立）が実施された時代でもあり、1980年代後半は女性の社会進出が活発化、自立化することが注目された時代です。これまで男性に連れて行ってもらうことの多かったレストランに、自分たちで行くようになった時代でもあります。

その風潮を後押しし、キャリア女性のバイブルと言われたのが、1988年に創刊された「Hanako（ハナコ）」（マガジンハウス）です。「男女平等ではありたいけれど、あまりとんがっていたくはない。かといって結婚するだけじゃ、お母さん世代と変わらないからイヤ」という、松田聖子ばりのなんでも欲しい20代後半のキャリアウーマンたちをターゲットとした雑誌でした。

料理ジャンルや地域ごとに毎回、100を超える飲食や物販を紹介し、「ハナコが紹介すると女性客が殺到し、予約が取れなくなる」と、メディアの効能をうまく利用したのです。もっとも、ハナコに出ることで「突然予約が取れなくなって常連は逃げるし、ハナコの客は一週間でいなくなる。料理も雑誌に掲載されたものしか頼まないし、アルコールを飲まないから客単価は低い」と飲食店側から批判を浴びたりしたこともありました。

だとしても、ハナコの果たした役割は大きかったと思います。男性中心の料理オタクが料理の中身に向かっていったのに対し、ハナコが仕掛けたのは料理のトレンドでした。

す。「ティラミス」や「ナタデココ」などを世に広めたのはハナコの功績だったと思います。し、その後、こうした風潮は女性だけでなく、男女を問わず広まるようになりました。

『なんとなく、クリスタル』

そうした当時のライフスタイルをうまく表現したのは、エッセイストの泉麻人さん、酒井順子さん、作家の田中康夫さんといった方々でした。なかでも「なんクリ」と呼ばれた田中康夫さんのデビュー作『なんとなく、クリスタル』（1981年、河出書房新社）は、舞台こそバブルちょっと前ですが、東京の最先端の富裕層の生態を描き、文壇だけでなく、多くの人々の話題になった小説でした。

主人公は、父親が商社マンで両親がシドニーで暮らしているため、神宮前の1DKにひとりで暮らし、モデルの仕事もしている女子大生。親から仕送りはありますが、モデルで毎月40万円近くを稼ぎ、〈三十代になった時、シャネルのスーツが似合う雰囲気をもった女性になりたい〉と考えています。

野菜や肉は青山の紀ノ国屋、魚は広尾の明治屋、パンを買うのは代官山のシェ・リュイといったこだわりをもちます。六本木へ遊びに行く時にはクレージュのスカートかパンタロンに、ラネロッシのスポーツ・シャツの組み合わせ。まさに東京の上流階級の空気を活写した小説でした。舞台は1980年です。

〈ベッドに寝たまま、手を伸ばして横のステレオをつけてみる。目覚めたばかりだから、ターン・テーブルにレコードを載せるのも、なんとなく億劫な気がしてしまう〉

といった書き出しから始まる小説で、191ページのうち、本文は148ページ、あとは注釈という構成も話題になりました。「もともと小説とは解説をするものではない」という暗黙の了解に立ち向かったのと、主人公ではなく著者の視点の入った注釈だったからです。たとえば「西武」に対しては、

〈その昔、練馬大根を運んでいた、西武電車もよろしくお願いします〉

歌手のビリー・ジョエルは、

〈ニューヨークの松山千春〉

といった具合でした。酷評する作家や評論家も多くいましたが、文芸評論家の江藤淳さんが絶賛したことは記憶に残っています。

表題の「クリスタル」について、著者は登場人物に、

〈クリスタルか……。ねえ、今思ったんだけどさ、僕らって、青春とはなにか！　恋愛

とはなにか！　なんて、哲学少年みたいに考えたことってないじゃない？　本もあんまし読んでないし、バカみたいになって一つのことに熱中することもないと思わない？　でも、頭の中は空《から》っぽでもないし、曇ってもいないよね。醒め切っているわけでもないし、湿った感じじゃもちろんないし。それに、人の意見をそのまま鵜呑みにするほど、単純でもないしさ〉

と語らせます。いま思えば、コピーライターの糸井重里さんが「不思議、大好き。」「おいしい生活。」などのコピーで大人気となり、論理ではなく感覚で考えることのほうが「イケてる」と思われていた時代でした。

いまでこそ「東京は階層社会になった」と言われますが、この小説を読むと、実はこの当時から分かれていたように思えます。

ホイチョイと「dancyu」

さらに言えば、田中康夫さんの書く主人公の女性たちに憧れる男性層をうまくとらえ、彼らの生態を描いたのが、先述のホイチョイ・プロダクションの『ミーハーのための見栄講座　その戦略と展開』でした。

フランス料理店に初めていくときは気張って高いものを頼むのではなく、どんな店でも必ず置いてある「テリーヌを頼み、ワインはボージョレーにしなさい」など、読者を揶揄しながらもデートの手法を教えた本で「味とは関係ない戦略がデートには重要である」という論調は、出版されたのはバブルの少し前ですが、当時の風潮を見事に喝破していました。

ホイチョイはその後、１９９４年に、「東京軟派のグランプリ」を基にした『東京いい店やれる店』（小学館）という、味ではなく「女を口説くための料理店のガイド」を出しましたが、当時から一貫して、最先端や上流に憧れる、そのちょっと下の層の男性をターゲットにしたコンテンツを作るのがうまいプロダクションです。

「『食』こそエンターテインメント」をキャッチフレーズにした「dancyu（ダンチュウ）」（プレジデント社、１９９０年〜）の創刊も食いしん坊には大きな話題になりました。

ただ食べ歩くだけでなく、厨房にはいって料理を作ったり、生産者を訪ねるといった、食文化全般をエンターテインメント化し、当初は男性読者を想定していましたが、結果的にはキャリア女性も多く取り込んだと言われています。

グルメメディア全盛の裏には、バブルで増えたグルメ消費があります。カフェバー、空間プロデューサー、イタ飯、ワンレン・ボディコン、ディスコ、サーファーといった、バブルとともにトレンドとなった言葉を好む高額消費の中心層が、グルメを好む人々と同じ層になったのです。彼らはこれまでは一部のメディアからの情報でしか知らなかった「美味しい店」を、たくさんのメディアの洗礼を受けることで、自らの意思で選べるようになりました。

そうなってくると、単に食べるだけでは満足出来ない層が出てきます。自分の好みの店を探したい、自分で作ってみたい、シェフがどうやって作るのかを知りたい、シェフの経歴をもっと知りたいといった欲求が生じてきます。

その欲求に雑誌で応えたのが「dancyu」なら、テレビという媒体で応えたのが、1993年から99年までフジテレビ系で放送された「料理の鉄人」でした。

異種格闘技だった「料理の鉄人」

私の周囲には偶然、「料理の鉄人」立ち上げにかかわったクリエイターたちが多数います。なので、初期のころの苦労話をよく聞きましたが、もともと料理の鉄人のコンセプトは「異種格闘技」でした。チーフプロデューサーの松尾利彦さんが、「料理の世界でアントニオ猪木とモハメド・アリ戦をやったら面白くないか」と発想したことが始まりだったと聞いています。いまとなっては信じられませんが、1990年代当時にフレンチと中華など、ジャンルが違うシェフが交流することは、考えられない時代だったのです。異種ジャンルのシェフが特設のキッチンスタジオで直接対決して勝ち負けが決まるなど、なおさらありえない世界でした。

彼らの話では、放送開始当初に出演交渉をしても、

「（和食の自分が）フレンチと対決するなんてありえない」

「もし負けたら、売上補償をしてくれるというのか」

といった返答ばかりだったそうです。

いまでは誰もが知っているスターシェフも最初は出演を尻込みしたと聞きました。ところが番組がヒットしてからは、そのシェフが「出演してやってもいいよ」と言ってきたというから現金なものです。

全盛期には視聴率が20％を超え、子供の「将来なりたい職業」にシェフが入ったほどの人気番組。海外にも番組やコンセプトが輸出され、「アイアンシェフ」として認知さ

れています。

その後、フジテレビは視聴率が低迷して、黄金時代の名番組のリメイクばかりをやり始めた時期がありました。そして、2012年には「料理の鉄人」をリメイクした「アイアンシェフ」を放送しました。コンセプトはほぼ一緒ながら、番組内に登場する人物や企画に、なんとも言えない宣伝臭が強い番組で、私も審査員を何度か務めましたが、番組は大コケして半年ほどで終了してしまいました。

当時、不振の原因はさまざまに分析されました。料理の鉄人が放送された1990年代はグルメブームとはいえ、料理人の情報はいまほど多くありませんでした。しかし、2012年と言えば、すでにネットにグルメ情報があふれている時代。以前とは比較にならないほど視聴者のほうが情報を持っています。いくら挑戦者のシェフの経歴を大々的にフィーチャーしても、視聴者からは、「あの挑戦者は食べログで3・2の人だから、4・0の鉄人には勝てるわけないよね」などと冷めた目でみられ、熱狂的になるすべがないからではないかと言われました。同じような番組が多くなったことで、料理人同士の対戦に驚きがなくなったこともあったでしょう。同種の番組のほとんどは料理の鉄人のパクリでもあり、自縄自縛であったりもするのですが。

　ともあれ、「料理の鉄人」は当初、地味な深夜番組としてスタートしましたが、すぐに人気番組となり、ゴールデンに勝る視聴率を上げました。キッチンスタジアムが作られたテレビスタジオは料理の鉄人の専用ではないため、1回で2本分撮影したあとは、すべて取り壊し、次回にはゼロから作り直したそうです。調理にはガスが必要だったため、そのためにわざわざガス回線をひいたとも聞きました。黄金時代のフジテレビだから出来た番組だったと思います。

　私もよく観ていましたが、テレビの影響力は活字の比ではなく、料理の鉄人の成功で料理人の地位は格段に上がりましたし、鉄人となった道場《みちば》六三郎、陳建一、坂井宏行をはじめとした有名シェフたちはテレビや雑誌、広告などさまざまなメディアに登場し、スターシェフになりました。

　鉄人の料理だけでなく、鉄人に勝った挑戦者の料理を食べてみたい、と有名店を訪れる客が多くなりましたし、逆張り思考で「鉄人に負けたけど、本当はうまい店」という企画が登場するなど、この番組をきっかけにグルメ番組はさらに増えていったのです。

第4章　エル・ブジとサンセバスチャン

世界一予約の取れないレストラン

前章で、〈バブルの象徴は〉1985年に出来た原宿「バスタパスタ」だった〉と書きましたが、世界に目を転じれば、富裕層がこぞって外食に注目しだしたきっかけは、スペインにあったレストラン「エル・ブジ」の登場だと私は思っています。

そこで、同時期の世界の美食事情を振り返ってみましょう。

バルセロナから北に向かって車で2時間ほど、海辺の道を行くと、コスタ・ブラバのロザスにあるエル・ブジにつきます。高台にあるこぢんまりとしたこのレストランこそが、約50席しかないシートに世界中から年間200万件もの予約希望が殺到する、「世界一予約の取れないレストラン」だったのです。

エル・ブジは1964年に開店。当初は普通のリゾートレストランだったといいますが、1983年にフェラン・アドリアが21歳でシェフに就任してから有名になりました。最初は無給の調理スタッフだったフェランは、シェフになるとすぐにエル・ブジからスペイン料理の枠を取り去り、独創的な料理を客に提供するようになりました。その研究のため、営業は4月から10月まで、残りの半年間は新しいメニューの開発に充てたのです。

料理はコースで、総計40皿以上出されました。すべてを提供し終わると、深夜にまで及ぶこともあったそうです。毎シーズン、メニューは一新されますが、フェランはスープを泡状にするエスプーマという調理器具やオブラート、アルギン酸カプセルといった調理科学を積極的に取り入れ、触覚や聴覚まで総動員して味わうメニューを繰り広げたのです。彼の料理は「分子ガストロノミー」と呼ばれ、これが現在の探求型ガストロノミーのルーツだと言われています。彼の登場で、料理人が「アーティスト」と考えられるようになったわけです。

彼の料理を食べようと、世界中から富裕層が自家用ジェットやボートでやってきました。彼は日本料理が好きで、来日すると銀座にある「壬生《みぶ》」という会員制日本料理店に通いましたし、醬油や柚子など日本の食材を使った料理も数多く作りました。

スペイン料理研究家の渡辺万里さんは、はじめてエル・ブジを訪れたときの感動をこう書いています。

〈一番のおどろきは、厨房がレストランのなかで最高の場所にあって広々としたオシャレな空間であること。そしてそこで働いているのが、全員若者だということだった。（中略）ヒエラルキーが支配する従来の高級レストランの世界では考えられなかったこの形態こそが、フェランが新しい料理を次々と発見しレストランを絶えず進化させていくための重要な要素だった〉（「エル・ブジ、その始まりから終わりまで」、「acueducto」2018年4月号）

1997年にはミシュランの三つ星を獲得し、2002年にはじめて「世界のベストレストラン50」の第1位に輝いたのち、2006年から2009年には4年連続して第1位となっています。しかし、フェランはあまりにも忙しく「ガストロノミー体験のすべての限界を広げきってしまったから」と考え、2011年7月30日まででレストランを閉店してしまいました。しかし、2013年2月に研究機関「エル・ブジ・ファウンデーション」を作り、エル・ブジで培った「美食」を他の業界にも適用出来るよう、研究しています。エル・ブジで生まれた知見は、いまでもどんどん進化しています。

美食の街・サンセバスチャン

エル・ブジが世界のレストランの象徴と言われた時期、スペインにはもうひとつ世界中から注目されるようになった地域がありました。美食の街・サンセバスチャン（ドノスティア＝サン・セバスティアン）です。

バスク地方はバスク語がスペイン語とともに公用語とされているため、サンセバスチャンの正式名称は、バスク語のドノスティアとつなげた「ドノスティア＝サン・セバスティアン」となるのですが、日本ではわかりやすく、スペイン語の発音に沿ってサンセバスチャンと呼ばれています。

サンセバスチャンはスペイン北部のバスク州にあり、人口18万人程度の町です。欧米人にとっては古くから高級リゾート地として知られたところですが、日本でサンセバスチャンが有名になったのは、ここ10年ほどではないでしょうか。というのも、日本各地で「××市のサンセバスチャンを目指す」というような言い方がされ始めたからです。

しかし、実際にサンセバスチャン市と連携しているところは、ほとんどありません。サンセバスチャンは食を使った町おこしに成功した随一の例。食を使って町おこしをしようとすれば、どうしてもサンセバスチャンの成功例に学ぶことになります。

サンセバスチャンの特徴は、三つ星レストランを筆頭にしたファインダイニングと旧市街を中心とする伝統料理店やバル(居酒屋)がともに存在することにあるとされます。

バスク州でもっとも大きい都市は人口35万人のビルバオで、サンセバスチャンの人口はその半分ほどしかありませんが、『ミシュランガイド　スペイン版2024』で三つ星を獲得したスペインのレストラン15店のうち、アルサック(ARZAK)、アケラレ(AKELARRE)、マルティン・ベラサテギ(Martín Berasategui)の3店があります。

三つ星以外の星の数も合わせると、ミシュランの星は合計15。サンセバスチャンは平方メートル当たりのミシュランの星が最も多い街のひとつとなっています。ちなみにサンセバスチャンに近いビスカヤ県で日本人シェフの前田哲郎さんが2023年5月にオープンさせたレストラン「チスパ(Txispa)」が今回、早くも一つ星を獲得しています。

サンセバスチャンにある星付きレストランは、バスク地方の料理と言っても新フランス料理やエル・ブジの影響を受けた最先端の「新バスク料理」を提供する店が多く、バスクの素朴な郷土料理を期待して訪れると、まったく違う感想を抱くことでしょう。

その一方で、ミシュランの星はなくても、ビスケー湾の豊富な海の幸を生かした料理と、内陸部のエブロ川流域の谷で採れた山の幸を使った「海バスク・山バスク」と呼ばれる伝統的なバスク料理を提供し、食いしん坊たちに支持されているレストランが数多くあるのが、サンセバスチャンの特徴です。

新バスク料理とこれらが同時に存在していることが、サンセバスチャンの食文化を豊かなものにしていると言えるでしょう。

バルホッピング

私は、サンセバスチャンが「美食の街」になった理由は4つあると思っています。

そのひとつは旧市街にあるバルの存在です。

サンセバスチャンにはヨーロッパの伝統的都市と同様、新市街と旧市街があるのですが、旧市街には伝統的なバスク料理レストランと100軒以上のバルがあります。バルは日本でいう居酒屋のようなものですが、早朝から営業しているところも多く、居酒屋でもあり喫茶店でもある、コミュニティの中心地のような場所です。小さいと数坪ほどのものからあり、カウンターには「ピンチョス」と呼ばれる、バゲットの上に料理を置き、楊枝で刺された小皿料理が並んでいることが通常です。そもそもピンチョスという単語自体がスペイン語で楊枝を意味します。

スペインでは、バルというと「タパス」と呼ばれる小皿料理が有名です。マドリッドを例にとると、マヨール広場といった大きな広場を囲むようにバルが十数軒あります。朝から営業しているところも多く、朝はエスプレッソやカプチーノと甘いパン、昼はボカディージョと言われるサンドイッチ類やスペインオムレツなどの軽食を提供し、夜になるとタパスとワインを出すのです。

しかし、バスク地方では、タパスを進化させたピンチョスと呼ばれる独特の小皿料理が生まれました。バゲットの上に料理が載り、見た目も美しく、インスタ映えもし、「コース料理のミニチュア版」と言われることもあるフィンガーフードです。観光客はひとつのバルでピンチョスをひとつとワインを1杯ずつ楽しみ、いくつものバルをはしごする「バルホッピング」をするのがサンセバスチャンの夜の流儀です。

レシピのオープンソース化

サンセバスチャンが「美食の街」として成功した理由のふたつ目は、バル街と深いかかわりがあります。それは、「レシピのオープンソース化」です。

料理のレシピというものはだいたい、どこの国でも門外不出のものでした。大将から弟子、修業した店から独立した店へとクローズドに伝えられ、一門に属さないと授かれないものだったのです。

ところがサンセバスチャンのシェフたちは、門外不出のレシピをオープンにし、ライバルとも共有したのです。その結果、観光客は事前に情報がなく、目についた旧市街のバルのどこに入ったとしても、「失敗した！」と思うことがなくなったのです。たとえば仕事でサンセバスチャンを訪れ、予想外に自由時間が出来た場合でも、「さすが、美食の街」と思うわけで、街は大いに活性化されました。

しかし、いくらレシピが共有されたとしても、最終的に出来た料理の味はシェフによって違います。素人が料理本を見てレシピ通りに作ってもプロと同じ味にはならないように、優秀なシェフたちは、オープンソース化されたが故にいっそう、自分が一番美味しい料理を作り上げようと競争し、研鑽を重ねていくのです。

こうして研究熱心なシェフたちが数多く現れたこともあり、2009年にサンセバスチャン郊外に、ヨーロッパ初の私立4年制料理専門大学「バスク・クリナリー・センター（通称・BCC）」が出来ました。「美食の街」として成功した3つ目の理由です。

世界で有名な「料理大学」は、アメリカとイタリア、そして3つ目がサンセバスチャンのBCCだと言われます。

アメリカの料理大学は「カリナリー・インスティテュート・オブ・アメリカ」（通称・CIA）で、1946年に設立されました。約3000人の学生がニューヨーク本校のほか、カリフォルニア州セントヘレナ（ナパバレー）、テキサス州サンアントニオ、シンガポールの各分校で学んでいます。

イタリアの料理大学の正式名称は「ユニバーシティー・オブ・ガストロノミック・サイエンス」で、日本では「食科学大学」と呼ばれ、イタリア北西部のピエモンテ州にあります。地方の伝統的な食文化や食材を見直す運動「スローフード」を提唱するスローフード協会のイニシアチブのもと、2004年に開設された大学なので、「スローフード大学」と呼ばれることもあります。

そして、サンセバスチャンのBCCは、サンセバスチャンや近郊でレストランを経営していた8人のシェフが中心となって設立されました。小高い丘の上に建てられ、CIAや食科学大学と同様、「料理」で学位を取得することが出来る大学であり、修士課程と博士課程も設置されています。

日本で料理の学校というと辻調理師専門学校や服部栄養専門学校などがありますが、そこでは主に調理技術を教えています。しかし料理大学では調理実習だけでなく、金融や経済、経営、科学、文化、政治、エコロジーなどの授業もあり、あらゆる観点から「食」について学ぶことになります。

最近よく耳にするようになった「ガストロノミー」という言葉は、もともとフランスで17世紀に生まれた食を文化的観点から研究する学問だったと言います。いまはもっと広い意味で「食文化」と捉えられることが多いですが、料理を学問、科学として考えることは欧米では数世紀前から普通だったのです。だからサンセバスチャンでも料理は、単に空腹を満たすものではなく、文化になっていったわけです。

美食倶楽部の存在

そして4つ目は、現地では「ソシエダ・ガストロノミカ」と呼ばれ、通称ソシエダ、日本では「美食倶楽部」と呼ばれることの多い、食コミュニティの存在です。

バスク地方では昔から、男性が料理を作って楽しむ伝統がある一方で、自宅の厨房は女性のものだから、いくら料理好きの男性でもキッチンには入ってはいけないという相反する文化があったと言われています。

そこで男たちは自宅で料理を楽しめないので、しょうがなく街の中にキッチンを借りて、仲間同士で料理を作って美味しい店や食の楽しみを語りあう「食の社交倶楽部」を作ったのです。設立の趣旨から言って、当初は男性だけの倶楽部が多かったと聞きますが、いまは女性も参加出来るところが多くなりました。私の友人でサンセバスチャン在住の女性も、そうした美食倶楽部のひとつに入っています。

サンセバスチャンにはそうした倶楽部が現在、100以上あります。旧市街だけでも40近くあり、バスク州全体では150以上あるとも言われます。

ソシエダに入りたい場合、一般的には審査に合格し、入会金、年会費を払うことで施設利用出来る権利が与えられます。ただ、私は日本で言う「交詢社倶楽部」や「六本木ヒルズクラブ」「OCA TOKYO」のような会員相互が交流するソーシャル倶楽部を想定していたのですが、そうではなく、仲間同士で固定した曜日に利用することが多いようです。つまり、「うちのメンバーは毎月第一、第三水曜日に行う」とするわけで、そうなると横のつながりはあまりないわけです。

ソシエダには巷にあるレンタルキッチンとは違う利点がふたつあります。ひとつ目は、キッチン内にワインやビールなどの飲み物と基本的な調味料が完備されていることで、特別なものが必要でなければ、近所の市場で調達した食材を持っていきさえすればすぐに料理が楽しめる。しかも、サンセバスチャンの市場は街の中心部にあり、とても使いやすいのです。

私も経験がありますが、日本のレンタルキッチンは通常、飲み物も調味料も自分で持っていき、持って帰らなければいけません。事前搬入すると、その分の料金も取られるのでとても面倒だったからです。

もうひとつの利点は、倶楽部で専属の掃除人を雇っており、料理をして語らったあとはそのまま帰っていいことです。この利点は地味にありがたいと思っています。

サンセバスチャンに現存する最古の美食倶楽部は「カノエタン」で、旧市街の中心地、バルが立ち並ぶ中の古いビルの半地下に1900年に出来ました。実は私は2018年に、ソシエダの日本版である「日本ガストロノミー協会」を作りました。現在は代々木にキッチンを借り、料理好きな仲間たちと交流を楽しんでいます。その縁もあり、私もコロナ禍の前に仲間と訪れ、会員とともに料理を作って楽しみました。カノエタンの会員は150人くらい、内装は歴史を感じさせますが、キッチンには業務用の機器が並んでいました。

私たちは寿司や煮物などの和食を披露し、カノエタンの会員たちはバスク名物であるタラや豚の料理を作ってくれました。当初は女性禁止のメンズ倶楽部でしたが、いまは食事を一緒に楽しめます。ただし、いまでも女性はキッチンには入れません。キッチンのなかで料理が出来るのは男性だけ。料理が出来たら一緒に訪れた女性たちをテーブル席に呼び、料理を楽しんだのです。

旧市街のバルの存在、レシピのオープンソース化、BCCの設立、ソシエダの楽しみの4つが底支えをすることによって、サンセバスチャンは新バスク料理から伝統的バスク料理、そしてピンチョスを食べながらワインを楽しめるバル街を持つ、世界一の美食の街になったのです。

ガストロノミーツーリズム

美食の街・サンセバスチャンを訪れる世界中のツーリストは、コロナ前の2018年で70万人近くいて、2011年からでは1・5倍になっています。コロナ前は日本からも毎年、自治体の視察や観光客が多数訪れていましたが、コロナ後は観光客の増加が加速し、市はホテル建設をストップ、オーバーツーリズム対策をしているほどです。

もともと観光と食は切っても切れない縁がありますが、これまでは神社仏閣や絶景を見る観光が主で、せっかくならそこの美味しいものも食べようという感覚だったと思います。

しかし、最近はその主従関係が逆転し、美味しいものを食べるために旅行する「ガストロノミーツーリズム」が主流になってきていると私は感じています。サンセバスチャンはその象徴です。

サンセバスチャンを目指す世界中のツーリストは、食のために訪れ、お金を落としていきます。三つ星レストランはそれなりの金額ですし、せっかくサンセバスチャンまで来たからには、グッゲンハイム美術館や三つ星レストランのある隣の都市、ビルバオにも訪れたいでしょうし、ビルバオに行く途中にはゲタリアという、ミシュランガイド一つ星のレストラン「エルカノ（Elkano）」で有名な美しい港町もあります。

サンセバスチャンはフランスとの国境に近い場所ですから、北上してフランスバスクを観光する手もあるし、「スペイン巡礼の道」と呼ばれる街道「カミノ・デ・サンティアゴ」をたどって、中世のキリスト教の痕跡を訪ねる楽しみもあります。食の突出した観光地があることによって、サンセバスチャンの周辺にも富が落ちるという、トリクルダウンと呼ばれる好循環が作られている、まさにガストロノミーツーリズムのお手本がサンセバスチャンなのです。

このようにスペインが多角的に注目されてきたこともあり、20世紀から21世紀に移り変わる時期、欧米のレストラン業界では、かつてのフランス料理、イタリア料理中心から、周辺地域であるスペイン料理へトレンドが移りました。いまではスペイン料理から南米料理のなかでもペルー料理、北欧料理へと移りましたが、2023年の段階ではまたスペインが盛り返しています。いまやミシュランガイドよりも信頼がおけると言われる「世界のベストレストラン50」でトップレベルにいるのはそれらのレストランです。

2023年1月、世界のベストレストラン50で何度も1位に輝いたデンマークのイノベーティブレストラン「ノーマ（noma）」が閉店するというニュースが世界中を駆け巡りました。世界中から客が訪れるとはいえ、北欧にあるレストランが閉店することが世界のニュースになる時代であることに私は驚きました。ちなみにノーマは2023年3

月から5月まで京都でポップアップレストラン（普段の店舗とは別の場所で行う期間限定のレストラン）を開催しましたが、1泊2食付きでひとり約25万円でした。しかし、現地に行くことを考えれば安いし、そもそももう味わえないと考えた人たちが殺到し、あっという間に完売しました。

また、同じデンマークのフェロー諸島でミシュランの星を獲得しているレストラン「コックス（KOKS）」は、ミシュランから「世界で最も遠隔地にあるレストラン」の称号を受けていましたが、それに飽き足らずさらに遠くへ移転。グリーンランドの北極圏に位置し、船かヘリコプターでしか行けない場所で開業しました。しかし、そんな辺鄙な場所でも、食いしん坊たちはわざわざ出かけるのです。私の友人も何人か、日本からそのためだけに出かけています。

第5章　垣根が溶け始めた時代

ナイトタイムエコノミーの発達

バブルの時代の隠れた特徴は、ナイトタイムエコノミーの発達だと私は思っています。1980年代のカフェバーブームで西麻布に出来た「レッドシューズ」「ジェイトリップバー」などは終電が終わっても営業していました。表参道にあったフランス料理「ブラッスリーD」、青山三丁目のビストロ「ル・パスタン」「SARA」も深夜遅くまで営業し、0時を回ってからヘビーな食事をし、毎晩のようにシャンパンを酌み交わす業界人たちで賑わっていました。東京ではタクシーがつかまらず、「朝まで飲むしかない」という言い訳が聞かれた時代でもありました。

バブルは1990年代前半に崩壊しますが、グルメ業界的には90年代後半まで、さまざまな流行がかけめぐりました。90年代前半のもつ鍋ブームから始まり、ナタデココ、エスニック料理、オヤジギャルの居酒屋などが主なものですが、どれも共通するのは低価格です。そう、バブル崩壊によってかつてのように贅沢なお金の使い方が出来なくなったグルメな人々は、リーズナブルで美味しいものを求めていったのです。

そんな風潮をうまくつかみ、外食に複合的な楽しみを加えて若者の心を捉えたのが「空間プロデューサー」と言われる人々でした。

空間プロデューサーに注目が集まる

空間プロデューサーは現在でも認知されている言葉で、ネットで空間プロデュースの定義をひろってみると、「商業施設やオフィスなどの設計やプランニングを行い、空間を総合的にプロデュースすることで、その場所の価値を高める職業。建築士やデザイナーの仕事として行われることが多い」などとされていますが、バブル期のそれは「空気をデザインする仕事」と揶揄されながらも、時代にマッチする飲食店やバーをトータルプロデュースする仕事で、空間プロデューサーはそうした空気を作り上げる人々のことを指しました。

最初にそう呼ばれたのは松井雅美さんだったと思います。松井さんはもともとレーシングドライバーでしたが、カフェバーブームの走りとなった「レッドシューズ」をプロデュースし、湾岸沿いにあった倉庫を改造したレストラン「タンゴ」、芝浦のライブハウス「インクスティック」の成功で、１９８０年代のカフェバーブーム、ウォーターフロントブームの仕掛け人となりました。

当時の有名空間プロデューサーには、他にも山本コテツさん、佐藤俊博さんといった名前が挙がります。彼らは美味しい料理を作ることよりも、テーブルまわり、スタッフのスタイリング、オペレーションシステムなど、それ以外の「空間デザイン」を重視したのが特徴ですが、そうした考え方が、その後の外食産業の「レストラン・プランナー」という流れに続きます。

エンタメレストランの雄・グローバルダイニング

この時代の外食の特徴を観察すると、フレンチ、イタリアンといったジャンルごとの料理店からテクスメクス料理、ハワイ料理など、エンターテインメントを重視した店が増えてきたことに気付きます。料理を構成するデザイン力、レストランのトータルプロデュース力が重要になっていったのです。

そのさきがけと言えば、「グローバルダイニング」でしょう。グローバルダイニングと言ってもピンとこない方は、コロナ禍のときに飲食店の時短営業に反対して記者会見を行い、東京都相手に1円訴訟を起こした会社だと言えばおわかりでしょうか。

グローバルダイニングは、その記者会見をした創業社長の長谷川耕造さんが1973年、高田馬場に喫茶店「北欧館」を開業したことから始まります。長谷川さんは早稲田大学商学部を中退、シベリア鉄道でスウェーデンへ渡り、ヨーロッパ全土を放浪し、帰国しました。

母親とともに開いた「北欧館」が当たってからは、六本木や代官山、西麻布、表参道、原宿など若者が好む、高感度な場所の裏路地に、「カフェ ラ・ボエム」「ゼストキャンティーナ」といったレストランを出店しました。高感度な場所の家賃は高いですが、裏路地は安かったからです。放浪体験から築いたヨーロッパ的センスの内装と、深夜遅くまで営業している安心感で、それらは瞬く間に人気店になりました。

1987年に作った「横浜ゼスト」は、当時大流行していた「イタ飯」ではなく、ようやく流行の兆しを見せていたテクスメクスレストランをヘルシー志向にして成功をおさめました。テクスメクス料理とは、アメリカ発祥のメキシカンフードですが、本場ではアメリカ発だけに脂っこい料理が多かった。それを長谷川さんはヘルシーにすることで成功したと言われます。

1993年に西麻布に作り、その後、何店舗も展開している「モンスーンカフェ」も、アジアンレストランとして大繁盛させました。こちらもアジアの国々の料理のなかから美味しいものだけをいいとこどりし、それをグローバルダイニング・オリジナルの味に変化させたのが成功の原因でした。

バブル期までの飲食店は、フランス料理、イタリア料理、中国料理など、現地の味をどこまで再現出来るかというまじめな命題に腐心していたのですが、長谷川さんは現地の料理を今日流に解釈し、当時のトレンドをうまく取り込み、そこにおしゃれなデザインを加えたことで若者のハートをつかんだと言えるでしょう。

さらにグローバルダイニングの特徴は、サービスの良さです。一度来た客の名前と注文を覚え、二度目に来店したときには、「○○さん、おひさしぶりです。最初の飲み物はこのあいだと同じカンパリソーダでよろしいですか」と話しかけることで、客は常連気分を味わえるのです。それがデートであったなら、余計に鼻高々になるというわけです。

徹底したサービスをするために、従業員には年功序列と関係ない能力によるインセンティブ・システムを導入。「グローバルダイニングで頭角をあらわせば高給がもらえる」という伝説を作りました。長谷川さんの右腕として活躍した新川義弘さんはサービスの神様として名を馳せ、グローバルダイニングを辞めて「ヒュージ」というレストラン経営会社を設立。同じように徹底したフレンドリーなサービスで「リゴレット」や「ダズル」など、作る店作る店すべてを成功させています。

つまり彼らは、これまでの飲食店のように「本物志向」を正義と考えず、客に寄り添った「そこに行くことが楽しい店」を作り上げたのです。こうしたプロデュース力勝負の店がその後、日本の飲食店の潮流となっていきますが、その嚆矢は間違いなくグローバルダイニングだと私は思います。

際コーポレーションの躍進

飲食店を外食産業にならしめたもうひとりは、上場していないので世間的にはあまり話題になりませんが、「際《きわ》コーポレーション」の中島武社長でしょう。

中島さんは1948年生まれ。拓殖大学に進学して応援団長となり、運輸業、金融業を経て１９９０年に「際コーポレーション」を設立しています。

中島さんが飲食業に乗り出したきっかけは、金融業で失敗した借金を飲食業で返そうと決心したところからだと本人が語っています。

土地勘のある東京・福生でイタリアンをやったあとに中華料理店をオープンさせたのが参入のきっかけですが、なぜ中華かと言うと、羽振りのよかった時代に訪れた北京、上海、香港の猥雑でエネルギッシュな味を再現しようと思ったからだそうです。

当初からうまくいったわけではなかったようですが、１９９２年にオープンさせた目黒「大鴻運天天酒楼《だいこううんてんてんしゅろう》」のヒットから事業は上向きになりました。その後、簡単に調理出来る、皮で巻くだけの鉄鍋餃子を発明することで「万豚記《ワンツーチィ》」「紅虎餃子房《べにとらぎょうざぼう》」という大ヒットチェーン店を作り上げ、最盛期は３５０店舗もの大外食産業になったのです。

際コーポレーションはグローバルダイニングと違って、初期は本場の味を求めましたが、その後の「中島さんが考える中国料理」を前面に出したのがブレイクのきっかけとなりました。そこに中島さんの独特なセンスのデザイン力が加わって、いかにも本場中国郷土料理を食べているような気分にさせることに成功したのです。そういう意味では際コーポレーションもまたエンターテインメント志向であり、グローバルダイニングと本質的には似ているのかもしれません。

中島さんはコロナ禍の苦境も「にょろ助」という関西風の地焼の鰻屋を東京で成功させて乗り切りました。70歳を超えたいまでも、「食十二ヶ月　中島武」「らぁ～麵なかじま」「ふ一《いち》MINIE」など、新規事業の旗振り役として日々、仕事に邁進しています。

多様な業態を開発しつづけるダイヤモンドダイニング

この2社のエンターテインメント力をさらに推し進めたのが「ダイヤモンドダイニング（現・DDグループの子会社）」です。

創業社長の松村厚久さんは2001年、銀座に吸血鬼をモチーフとした「VAMPIRE CAFE」を開店したことをきっかけとして飲食店経営を開始。100店舗100業態の実現を目指してさまざまな業態で開店を続け、2010年に目標を達成しました。

グローバルダイニングや際コーポレーションのように、業態が成功しても横展開を考えずに、居抜き物件を活用し、全国各地の立地条件に応じた多様な業態開発を行うため、結果的にユーザー目線の店となり、成功してきたわけです。

最近の際コーポレーションは違ってきているようですが、彼らの特徴は、店づくりが最重要課題になっていることです。それに比べると料理の味は優先順位が低くなっていると言えますが、だからと言って味が悪いわけではありません。後述しますが、スチームコンベクションや冷凍技術などフードテックの進歩により、現代は調理技術が高い水準で平準化されてきています。マニュアルがしっかりとある環境なら、ある程度の技術があればきちんとした料理が出来る時代になりました。かと言って、それはかりだと客に見抜かれてしまいますから、むずかしい時代になったとも言えますが。

「プランドゥシー」や「トランジットジェネラルオフィス」「テイクアンドギヴ・ニーズ」のように、エンターテインメントからさらに進化し、デザイン重視のレストランを作る外食産業も現れてきました。たとえばプランドゥシーはそれぞれ独自のコンセプト・デザインを持ったホテル・レストランを展開していますが、リノベーションであったり、商業デベロッパーと組んだ運営受託スタイルだったり、具体的な取り組み方法はさまざまです。トランジットジェネラルオフィスに関しては、のちほどくわしく考察します。

向上した料理人の地位

バブル崩壊以降の日本はリーマンショックや東日本大震災に見舞われ、「失われた30年」と呼ばれることが多いですが、飲食業界はそのなかでも、さまざまな試行錯誤が行われてきました。

背景には料理人や飲食関係者の地位の向上があります。私たちの世代くらいまでの料理人には、正直なところ「勉強が出来なければ料理人にでもなっておけ」と言われてこの世界に来た人々がまだ多くいました。そこから努力して大きな仕事を成し遂げた人もいますが、一般的には社会的地位は高くなく、賃金も低かったという現実がありました。

しかし2000年以降になると、「美味しんぼ」や「料理の鉄人」で育った若者たちが、あこがれや将来の目標の実現可能性をもって外食産業に入ってくるようになったのです。ちょうどグローバルダイニングや際コーポレーションのような外食産業が伸び始めた時期でもあり、雇用も十分、吸収出来ました。

たとえば私の友人のシェフは、高校卒業後、イタリアンレストランでの修業を経てアメリカに渡り、ミシュランの星付きレストランでシェフの片腕となりました。帰国後はいくつもの店の料理長として活躍し、いまではレストランオーナーだけではなく、食品開発やレストランプロデュースなど、幅広い分野で活躍しています。

他にも、アパレルや会計事務所など、まったくの異業種から、外食産業に可能性を感じて転職したシェフは数多くいます。彼らの行動の背景には、フレンチの三國清三、井上旭、イタリアンの山田宏巳、落合務、和食の道場六三郎、中華の陳建一などといったスターシェフが続々登場し、シェフがあこがれの職業になったことがあります。

そして、次世代のスターシェフを作ろうと業界が躍起になったのも、この時期です。なかでも特徴的な事象として、1990年代半ばからのインターネット・バブル時代に、IPO（新規株式公開）で儲けたり、外資系投資銀行で富を蓄えた一部の富裕層がオーナーとなり、若い料理人に店を出させたことがありました。

パトロン付きのシェフと同時期に、自力で独立したシェフは、私にこんな風にぼやいていました。

「一所懸命修業して、安月給のなかから貯金をし、器を買い、金融公庫や銀行から融資を得てようやく独立しましたが、彼らは他人の金で一等地に店を出せる。しかもパトロンは儲けないでもいいと言うから、コースの設定が安かったり、食材の原価を気にせずに仕入れられる。それで対等の競争をしろって言われても、そんなの無理ですよね」

ただ、パトロンありきの飲食店は、パトロンの経済状態に左右されるため、突然閉店するところも少なくありませんでした。

四谷三丁目の「パザパ」

ちょっと話が横道にそれますが、この時代に書き残しておきたい、大衆フランス料理の動きがありました。手頃な価格のフレンチを日本で広めたレジェンドとも言われる伊川順二シェフとその弟子たちです。

フランス料理はいまや1万円を切れば手頃と言われる時代です。当時だって5000円を切ることはほとんどなかったと思いますが、伊川さんが1985年に出した四谷三丁目「パザパ」は、たっぷりの量の前菜、メイン、デザートがそれぞれ4、5種類から選べるプリフィックススタイルで楽しめて、たったの2500円だったのです。

内装は華美ではありませんが、ギンガムチェックのテーブルクロスが、まるでパリの街角にいるかのような雰囲気を醸し出し、日本人だけではなくフランス人の常連客でも賑わっていました。翌年には近所に「オーベルジュ・ド・ムートン・ブラン」を開店。こちらはパザパより高めでしたが、それでもたしか3800円だったはず。

伊川さんの系譜をたどると、パザパの前に「シェ・ジェラニウム」（1977年、新宿三丁目）、「ル・モンド・デ・シメール」（1983年、四谷三丁目）を開店しているようですが、短期間で閉めたようで、私はそれらは知りません。

しかし1990年から2000年にかけては、「ル・マンジュ・トゥー」（納戸町）、「ラ・ディネット」（高田馬場）、「パ・マル・レストラン」（護国寺）、「ル・モガドー」（目白台）、「メトロ」（新宿御苑前）を加え、総計7店舗に拡大しました。「ル・マルカッサン」「ラミティエ」「プルミエ」など、弟子の店もたくさんあります。

伊川さんは2023年に体調を崩され、一時はご自身が今でもシェフを務めているパザパを閉めていましたが、年末から再開されたと聞きます。いくつもの選択肢があって、ワインをつけても5000円以内で収まるプリフィックスフレンチという新しい形態を作った伊川さんの店で、フランス料理の美味しさを知った食いしん坊は数知れずいると思っています。もちろん、私もそうです。

第6章　グルメメディアの変遷

ぐるなび登場

21世紀に入ると、ネットの情報量は飛躍的に増大しました。情報の相互流通が当たり前で、一般人がメディアとなり、自分たちが勝手に美味しい店の情報を出せるようになったのです。その出発点は、ともに1996年にサービスが開始された「ぐるなび」と「askU　東京レストランガイド」でした。

1996年というと、ネットサービスは始まったものの、光通信はもちろんのことADSLもなく、ネット接続は電話回線につないでいた時代です。一部の好事家は80年代から始まったクローズドなパソコン通信でグルメ情報を交換していましたが、まだ一般人はマスコミ以外のグルメ情報には接することが出来ませんでした。

そこに出現したのがぐるなびです。初期のぐるなびは、飲食店に対してネット時代の利便性を説く商売を始めました。簡単に言えば、飲食店向けのホームページ立ち上げサービスです。もともとぐるなびは、交通広告を扱う代理店「エヌケービー」の一部門として発足した企業。だから飲食店のほうからお金を取る商売を考えたのでしょう。

それに対し、客同士が店の情報を交換するサイトを作り、そのトラフィックで儲けようという発想が「ａｓｋＵ　東京レストランガイド」でした。いまやその名前を知っている人はほとんどいないでしょうが、わかりやすく言えば「食べログ」の原型です。不特定多数が勝手に飲食店を批評することは、いまでは当たり前に行われていますが、実はこのサイトから始まったと言われています。

私がレストラン巡りを始めた１９８０年代、当初はガイドブックに頼っていましたが、次のフェイズに入ると、周囲からの口コミを重要視するようになりました。私もそれなりに長く飲食業界の周辺にいますし、周囲の人々は私の好みを把握しているので、

「今度出来たイタリアン、柏原さんが好きな店だと思うよ」

「あの店評判になっているけど、柏原さんの趣味じゃないと思うなあ」

と、教えてくれるからです。ただ、それだけでは情報の幅が狭いという欠点を自覚していました。

そんなときに現れたのが「ａｓｋＵ　東京レストランガイド」だったのです。システムは現在の「食べログ」とほぼ一緒、レビュアーがレストランを評価する形式で、当時はまだネットに接続するまで時間がかかる時代でしたが、このサイトを知ることによって私の情報量は格段に上がりました。

東京レストランガイドと同じ時代に、広告代理店に勤務していた佐藤尚之（さとなお）さんが始めた「ジバラン」というネットガイドがありましたが、これはさとなおさんの周囲がフランス料理を中心として自腹で訪れた情報を掲載したサイト。いわば紙のグルメ本をネットに変えただけのものでした。しかし、東京レストランガイドは誰でも評価が出来る上に、匿名ではありますがレビュアーの好きな店を検索出来る双方向性が特徴で、自分好みのレビュアーを見つけ、彼らが訪れた店を後追いすれば、自分だけのレストランガイドが作れるのです。私が当時好きだったレビュアーは「極楽とんぼ姫」で、勝手に彼女のレビューの追っかけをしていました。

実は2000年に、パソコン通信から発達した「東京グルメ（のちのライブドアグルメ）」というサイトも出来ましたが、私の印象ではB級グルメ中心でマイナーな店が多かったため、あまり使うことがなく、ずっと東京レストランガイドを指標にしていました。

ただ、残念なことに東京レストランガイドは運営上の問題が多々噴出して迷走したと言われ、2012年に閉鎖しました。その間隙を縫って成長したのが、2005年に出来た「食べログ」だったわけです。

急伸した食べログ

実は食べログが、誕生からまだ20年も経っていないサイトであることに驚きます。野地秩嘉《つねよし》『ユーザーファースト　穐田誉輝《あきたよしてる》とくふうカンパニー　食べログ、クックパッドを育てた男』(2023年、プレジデント社)によると、食べログの親会社カカクコムは、当時食べログを開設するにあたり、東京レストランガイドの買収を考え、実際、成立ぎりぎりまでいったそうです。しかし、最後に東京レストランガイド側が変心したために決裂。オリジナルサイトを作ることになったそうです。

食べログのアイデアを出し、新規事業立ち上げのときはエンジニアとふたりで汗をかいた村上敦浩さんは、2024年4月にカカクコムの社長に就任しています。彼は先行するふたつのサイトを研究し、まずはレビュアーの確保が重要だと考え、当時のインフルエンサーにレビュー投稿を頼みました。

　また、ユーザーから指摘されたサイトの欠点を出来るだけ早く改良しました。それにはカカクコムという、ＩＴ技術に実績のある会社の新規事業だった点がプラスに働いたのでしょう。写真などを簡単に投稿するまでのわかりやすさ（ＵＩ）も圧倒的に食べログのほうが上でした。なので、東京レストランガイドの有名レビュアーも、食べログが優勢になると、そちらへ移っていきました。先述の「極楽とんぼ姫」はある時期からレビューをほとんど書かなくなりましたが、そのレビューはいまでも食べログで読めます。
　そして飲食店側に寄り添ったぐるなびと、ユーザー側に立った食べログの争いは、ＰＶ数において圧倒的に食べログが勝利し、ぐるなびは楽天グループ株式会社と２０１８年７月に資本業務提携契約を締結、２０２３年10月から「楽天ぐるなび」になりました。

『東京最高のレストラン』

　この当時、紙媒体もさまざまな試行錯誤を繰り返していました。
　２００１年に創刊され、ミシュランが赤を基調とした表紙であることに対抗して、ある時期から白を基調として「白本」と呼ばれている『東京最高のレストラン』（ぴあ）は、いまでも毎年年末に発売になります。

創刊からの編集長の大木淳夫《あつお》さんは、実名できちんと評価することに力点を置き、マッキー牧元さんや小石原はるかさん、浅妻千映子さんなど、食メディアで仕事をしているプロが個々の名でレストランを評論するシステムを作り上げました。ある意味、山本益博さんが束になっているような本で、特に注目店について語る座談会では歯に衣着せぬ論評も少なくなかったため、初期には飲食店とのトラブルもあったと聞きます。

しかし、ネガティブなことも敢えて書くという姿勢で、コアな食べ歩きファンから熱烈な支持を得ていますし、この本で評価されることは飲食店にとってはとても栄誉あることだとされています。

たとえば銀座の人気フランス料理店「レストラン　ラフィナージュ」の高良《たから》康之シェフは2021年版が発売された時、フェイスブックにこう書いています。

〈東京最高のレストラン2021にて、嬉しいご評価を頂きました。ありがとうございます。これからもお客様に楽しんで頂けるレストランを目指して、スタッフ一同精進して参ります。今後とも宜しくお願い申し上げます。

素直に嬉しい！！！　励みになります〉

ミシュランガイド日本上陸

しかし、この時期のグルメガイドを巡る一番の話題は、フランスのミシュランガイドの日本上陸でしょう。ご存知のように、タイヤ製造会社が始めたレストランガイドで、もともとはパリ万博が行われた1900年、自動車運転者向けのガイドブックとしてフランスで発行されたのが始まりでした。

料理の格付けが始まったのは1926年からですが、フランス以外のガイドは1956年のイタリアから。その後しばらく停滞していましたが、2000年代に入って急拡大しました。2005年にニューヨーク版が出て以来、ラスベガス、ロサンゼルスなど米国各都市が続き、2007年11月にアジア初の試みとして東京版が出たのです。

最初のミシュランガイド東京が出た時は、都内の主要書店に本が山積みされ、メディアでも大きく取り上げられました。一説には30万部近い売れ行きだったと言われており、これはガイドブックとしては驚異的なベストセラーと言っていいでしょう。

アジア初、しかも日本料理や寿司に三つ星がついたのもはじめてなら、星の合計がパリを抜いて東京が世界の美食都市に躍り出たわけですから、日本人は大喜びです。2007年に三つ星に選ばれたのは「カンテサンス」「ジョエル・ロブション」「ロオジエ」

（以上、フランス料理）、「小十」「かんだ」「濱田家」「鮨 水谷」「すきやばし次郎」（以上、日本料理）の8店でした。

「フランス人に日本料理が評価出来るのか」「日本人の好きな日本料理とは、評価基準が違う」などといった批判も出ましたが、ミシュランが星をつけた店には予約が殺到したのも事実でした。ある日本料理店の主人は、「このままだと半年後に閉店かと思っていたら、星をいただいて予約が急激に増えて助かりました」と言っていましたし、「朝早くに北欧から英語で予約の電話が来て困りました」と話した割烹の主人もいました。

ミシュラン東京版はフランスと同じ匿名評価で、いまでも誰が調査員なのかは明らかにされていませんが、ミシュラン側の説明によると、レストランやホテルの元従事者が多く、彼らは年間500〜600食を食べ、ホテルにも100泊し、すべてミシュランの社員だそうです。飲食店でミシュラン話になると、「初来店のフランス人がやってきてメモを取っていたので、彼がミシュランに違いないと思いました」という声もありますが、「いつ来たのか、まったくわかりませんでした」「初年度は来たのがわかりましたが、翌年以降はわからず、本当に来ているんでしょうか」といった声も聞きます。

ミシュランで長年星を持つ、京都の祇園「浜作」の主人・森川裕之さんは「新潮45」

（2015年10月号）に「祇園『浜作』ミシュラン調査員撃退記」を発表していますが、そこでも、自分の店に毎年調査員が来た実感がないことから、「毎年全店を調査しているのか?」という疑問を記しています。

ミシュランは毎年、盛大な発表会を開き、いまでは東京以外にも関西版や地方版が出ています。地方版は自治体などとタイアップする形での出版も多いと聞きます。紙の本の凋落に連動するように、最近の部数はきびしいと聞きますが、食のために訪れるインバウンドが多くなった日本にとっては、存在感と星の重みは当初より増したと言ってもいいでしょう。

2023年からは「NEWセレクション」と題して、ミシュランガイドで掲載される予定の店を早出しするプロモーションも始まりましたが、それをめぐって混乱もありました。というのも、ミシュラン自体が「ミシュランガイドの新たな星やビブグルマンになる可能性のあるおすすめの飲食店・レストランを先行発表しました」と書いたため、そこに掲載された都内の店は12月の発表を大いに期待していたのです。

しかし結果的には、そこから星がついた店は少なく、多くは2024年版から新しく出来たカテゴリー「セレクテッドレストラン」に掲載されただけで、発表会にも招待されませんでした。なので先行発表された飲食店の中には「ミシュランにだまされた」と憤る主人もいて、ちょっとした物議をかもしたのです。

「セレクテッドレストランとはなにか」についてもミシュランははっきりとした基準を示していません。「ビブグルマンには入らないが、インスペクター（調査員）がおすすめするレストラン」と言っていますが、おすすめするとは何かが具体的にわからないのです。ただ、ビブグルマンは「価格以上の満足感が得られる料理」とされ、比較的リーズナブルな店が多いため、個人的には「値段は高いが星付きになる予備軍」的な位置づけだと思っています。

このようにミシュランの評価基準に対してはいまでも異論は多いようですが、私はミシュランの姿勢は評価しています。というのも三つ星の変化が少ないからです。2008年版で三つ星に選ばれた8軒のうち、2024年版まで「カンテサンス」「ジョエル・ロブション」「かんだ」の3軒はいまもなお、ずっと三つ星を維持していますし、2022年版と2023年版は同じ顔ぶれ。2024年版は「鮨 よしたけ」が三つ星から二つ星に下がり、「青空《はるたか》」が三つ星に上がりましたが、全体からすると大幅な変更はありません。私もメディアにいたのでわかりますが、話題を作りたいのなら、三つ星が毎年のように入れ替わり、有名店が落ちた方が大きく取り上げられやすいですし、結果として本の売り上げにもつながります。しかし、同じ店を評価し続けるのは、ミシュランの評価軸にブレがないからでしょう。仮にミシュランの評価する日本料理店が「フランス人の考える日本料理」だとしても、その評価軸がきちんと提示されていることは評価本として大切なことだと私は思います。

食べログレビューに振り回される飲食店

紙媒体も健闘はしていましたが、そのあいだのネットの進歩で、紙の情報はかすんでしまいました。『東京いい店うまい店』は2016年版を最後に休刊しましたし、ミシュランも現在はぐるなびと提携し、ネットでの発信を強化しています。頑張っているのは『東京最高のレストラン』くらいでしょう。

ネットの世界では、最初に一番強くなったサービスを凌駕するのはなかなかむずかしいと言われています。そう考えると、食べログが後発ながらトップに躍り出たのは快挙と言っていいかもしれませんが、事実上のスタンダードを獲得して以来、食べログの評価に飲食店は振り回されるようになります。

実は私は食べログレビュアーの文章を読むことが好きで、自分の好みに近いレビュアーをみつけてブックマークしています。しかし、ほとんどのユーザーは、数字の根拠である具体的なレビューを読まないまま、点数だけを見るので、それが独り歩きして、「あの店は点数が低いからやめよう」ということになってしまうのです。

ある寿司店の主人は、「食べログは3・5以上と以下では、集客がまったく違う。特にはじめての客は数字しか見ないから、3・5以下なら最初から候補にも上がってこない」と嘆きます。私は食べログの数字のアルゴリズムを知らないので、なんとも論評出来ませんが、食べログ自体が「食べログ3・5以下のうまい店」という特集を組んでいるわけですから、その主人の感覚はあながち間違いではないのかもしれません。

食べログ側もアルゴリズムを進化させたり、レビュアーの評価をしたり、さまざまな対策をとって数字の信頼性を確保しようとしているようですが、匿名性がウリである以上、そもそもレビュアー個々人が誰なのかがわからないから信用出来ないという根本的な問題がありました。

「Retty」と「TERIYAKI」

そこを衝いて2011年にリリースされたのが「Retty（レッティ）」です。レビュアーはすべて実名というのが食べログとの一番大きな差別化要因です。背景にはパソコンからスマホ、ウェブからアプリといったネットの進化がありました。

食べログはパソコン時代に成立したサービスですから、レビュアーも詳細で長いレビューを書く傾向があります。私のように紙に慣れ親しんだ世代には、長くても細かく評論されたレビューは参考になりますが、スマホ世代にとっては小さな画面ですぐにわかることのほうが大切なのです。

また、レッティはスマホに親和性の高いUIデザインの上、短い文章で料理店の良し悪しがわかるレビューが支持されていると言われます。実名制のため、飲食店を一方的に批判する文章が少なく、飲食店側からも好感をもたれているようです。

それを更に進化させたアプリが「TERIYAKI（テリヤキ）」です。レッティは実名とはいえ、誰でも書き込みが出来るため、レビュアーが食べ込んでいる人なのか、初心者なのかは簡単にはわかりません。料理リテラシーの有無が問われない点に関しては食べログと同様です。

しかし、料理店の良し悪しの評価は、その人の食に対する経験値によってかなり違ってきます。たくさん行けばいいというものではありませんが、「銀座ではじめて寿司を食べましたが、大トロがとろけるように旨かったので5点」というレビューと「今日で銀座の寿司は300回目。ここの大トロは必要以上に脂っこくなく、融点が低い上質のものを握る」というレビューでは、後者の方が説得力があるというものでしょう。

私の経験からしても「この人が美味しいと言うのなら安心だから、不見転《みずてん》で他の人にも紹介出来る」という人がいる反面、「この人にいいと言われても、信じられないなあ」と思ってしまう人もいます。それならば誰もが認める「食のプロ」だけが紹介するグルメガイドなら信用は篤《あつ》いに違いないだろう、と考えたホリエモンこと堀江貴文氏が2013年から始めたのがテリヤキなのです。

このアプリでは、テリヤキストと呼ばれる、食に一家言ある人々が実名で店を紹介しています。世界一のフーディー（この言葉については後述します）の浜田岳文さんや、年間600軒以上食べ歩いている食ジャーナリストのマッキー牧元さんがテリヤキストになっていると聞けば、ご納得いただけるでしょうか。どちらかと言えば高級店の紹介が多いのですが、新店紹介にも敏感です。ホリエモンも積極的に投稿しています。

実はテリヤキの構想には、私も関与しています。堀江さんがあるとき人を介してたずねてきて「食べログを超えるサイトを作りたい」と相談されたのです。そのとき、彼と一緒に考えたのが「実名のプロが責任をもって紹介するサイト」というコンセプトでした。私は現在もテリヤキとは関わっているので多少はひいき目もあるかもしれませんが、テリヤキのシステムは立ち上げ当初より発展しています。テリヤキ愛好者たちが情報を交換しあって食事会に行く独自のグルメコミュニティも人気になっています。

ドタキャンのマッチングアプリ

ここ数年、以上のような評論アプリだけではなく、アプリから予約出来る機能や、店側が集客管理に使える物も出てきました。

早い時期に出たサービスで言えば、2011年から始まった「ポケットコンシェルジュ」でしょう。オーナー創業者の戸門慶さんが日本料理の職人だったため、飲食店経営の大変さをよくわかっていて、サイト上で予約が出来るだけでなく、予約困難店のドタキャン（当日もしくは直前にキャンセルすること）情報もきちんとフォロー。ドタキャンされた店と、その予約困難店に行きたい人をマッチングさせるアプリとして生まれました。

事前に行きたい店を登録しておくと、キャンセルが出たら自動的に知らせてくれるなど、当時としてはかなり画期的なシステムだったと私は思います。いまでは決済システムや店舗の情報サイトへとサービスを拡大し、2019年にはアメリカン・エキスプレスの傘下に入り、アメックスカードのサービスの一環になっています。クレジットカードを通じたキャンセル予約なども可能になっています。

予約困難店や、シェフが評価する店を掲載することで差別化を図っているのが、「OMAKASE（オマカセ）」です。もともとの成り立ちは、ミシュラン二つ星の寿司「東麻布天本」に予約が殺到して、仕込みが出来ないほど電話やメールの対応に追われていることを知った天本さんの周囲の人々が開発した予約アプリだったと言われています。オマカセの画期的なところは、サービス開始当初からドタキャン予防のためにクレジットカード登録を予約の必須条件にし、キャンセル料金も徴収出来るようにしていることでした。ただし、それを実行するかどうかは店自身の判断によります。

このシステムが店側に寄り添っていることが評判になり、オマカセに登録したい飲食店が増えたのです。いまや、オマカセに登録出来る店は予約の取れない一流店の証明とも考えられているほどで、登録したいと言っても審査ではねられることも多いと聞きます。オマカセはその後、経営が代わり、現在はＧＭＯが運営しています。

台帳管理サービス

このような集客アプリが増えると、飲食店は集客管理が悩みの種になります。そこで複数の流入を整理し、予約状況を可視化出来るようにする台帳管理サービスも現れました。アメリカで開発された「オープンテーブル」がその嚆矢とされ、２００６年には日本にも上陸しましたが、現在のところ加盟店が頭打ちで伸び悩んでいるようです。

国産のものでは、自らも飲食店を経営しているため、問題点を自分で解決しようとはじめた「トレタ」が早くから立ち上がりましたが、いまでは「テーブルチェック」のほうが勢いがあるようです。テーブルチェックはＵＩが使いやすく、ミシュランと提携してミシュランガイド掲載店の予約が出来るサービスや、クレジットカードの登録によって精算しないで店を出られるサービスなどが支持されているようです。

第7章　フーディー登場

世界中のレストランを飛び回る人たち

前章で「フーディー」と書きましたが、この言葉は21世紀に入ってから流通しはじめた言葉です。辞書的には「食通」「グルメ」と解説されますが、私の解釈ではちょっと違うニュアンスです。食通は「料理の味や知識について詳しいこと。また、その人」(デジタル大辞泉)とされますが、私にとってフーディーとは食通に加えて、積極的に食べ歩く人々を指します。そして、世界のフーディーにはプライベートジェットで世界中のレストランを飛びまわっている人々もいるのです。

彼らの生態をあらわした映画があります。２０１４年にスウェーデンで製作されたドキュメンタリー映画『99分、世界美味めぐり』(日本公開は２０１６年)で、原題はずばり「Foodies」。世界各地のレストランに足を運ぶフーディー5名を追ったドキュメンタリー映画なのです。登場するのは大手石油会社の元重役、金鉱会社の御曹司、レコードレーベルの元オーナー、リトアニア出身の元スーパーモデル、香港生まれのＯＬの５人。映画ではニューヨークやコペンハーゲンの最先端レストランから中国の山奥まで全29店が紹介されていますが、日本からは「菊乃井」「鮨さいとう」「神保町 傳《でん》」「都寿司」が登場しました。日本料理と寿司ばかりですが、どこも予約困難店です。特に鮨さいとうはミシュラン三つ星の常連でしたが、一見ではまったく予約が取れない実質的な会員制に移行したため、現在はミシュラン非掲載となっています。

彼らはフーディーの中でも極端で特殊な人々かもしれません。ただ、近年、彼らのような階層だけではないところからもフーディーは続々現れてきました。新しい店、評判の店を次々と訪れ、そのレポートを書くことが「仕事」として成立するようになったからです。

それが可能になった背景には、外食を楽しむことが「趣味」となり、そうした情報の需要が増えたことが大きいと私は思っています。21世紀に入ってからのネットの進歩で、リテラシーさえ高ければ、情報の取得が格段に容易になったこともあります。そのため、グルメに敏感な人々が好む外食情報をネットで公開することによってＰＶが増え、アフィリエイト広告が回り、情報で食っていけるようになった人々が出てきたのです。

一方、テレビの世界ではこのところ、かつての「料理の鉄人」のような圧倒的な影響力を持つグルメ番組は現れていません。しかし、グルメ番組自体はものすごく増えています。しかも単なる店紹介からシェフや芸能人による料理評価番組、開店までのドキュメンタリーなど、バラエティに富んできました。「ヒューマングルメンタリー　オモウマい店」「孤独のグルメ」「家事ヤロウ!!!」「ぐるぐるナインティナイン」などの番組がそうです。私は素直に、日本人はこんなにグルメになったのか、と驚くばかりです。

食べログ訴訟

このように食に関する関心は、量的にも質的にも膨大に拡がっているのですが、そうであるがゆえにトラブルも増えています。

代表的な例が、食べログ訴訟です。2020年5月、焼肉・韓国料理チェーンを運営する「韓流村《はんりゅうむら》」が、「食べログ」運営会社であるカカクコムを相手に訴訟を起こしたのです。韓流村の言い分は、

「食べログが評価点を算出するアルゴリズムを変更したことにより、直後からチェーン

店の点数評価が軒並み3・5より下になり、1か月の売上高が急減した。チェーン店の評価の点数を一律に下げるようシステムを変更されたからで、これはチェーン店を不当差別する独禁法違反行為だ」

というものです。2020年に損害賠償とアルゴリズム差し止めなどを求めて東京地裁に訴えたのですが、その背景には当時、「ランキングの数字は金で買える」「やらせレビュアーを買えば点数は上がる」といううわさが流れていたことがあります。

日経ビジネスの2020年3月2日付の吉野次郎記者の記事「食べログを信用しますか？　やらせ依頼の全文掲載」は、こう書いています。

〈食べ歩きが趣味のブロガー、AKIは見知らぬ人たちから頻繁に連絡を受けている。記者が取材した数日前も、ブログのメッセージ機能を使ってコンサルタントを名乗る人物から「食べログで店のPRに協力してほしい」とお願いされていた。食べログは「失敗しないお店選び」をコンセプトに掲げる国内最大のグルメサイトで、飲食店選びの際に大きな影響力を持つ。AKIはPRの協力を依頼してきた相手に対して、試しに「詳しく知りたい」と返事をすると、数日後メッセージが送られてきた。（中略）

「ご来店、お食事頂き、食べログ投稿をして頂きたいです」「居酒屋ですと（5点満点中）

3・5以上、すし店ですと4・0以上でお願いしております」という。見返りは1回の投稿につき1万円で、飲食代は2人まで無料。「最大限おもてなしさせて頂きます」とのこと。

要するに、食べログに「やらせレビュー」を書き込むよう、依頼してきたのだ〉

当時は口コミ代行業者がかなり多かった時期で、その対策には食べログも苦慮していました。公正性の担保のために「やらせ業者通報窓口」を開設するなどして排除してきたと言いますが、点数の根拠であるアルゴリズムが非公開なため、うわさを払拭することが出来ないでいたわけです。

東京地方裁判所の判決は2022年6月に言い渡されました。食べログが飲食店の評価の点数を算出するアルゴリズムを一方的に変更し、低評価したと認定。アルゴリズムを一方的に変更することが「優越的地位の濫用に当たり独占禁止法に違反だ」と判断し、食べログの運営会社・カカクコムに3840万円の損害賠償を命じました。ただし、変更後のアルゴリズムの使用差し止めは認めていませんでした。

それに対してカカクコムは控訴。2024年1月の控訴審は一審とは逆に、店側の訴えを退ける判決を言い渡したのです。

内容を伝えた「NHK NEWS WEB」（2024年1月19日）によると、東京高裁は「システムの変更は、消費者の感覚とのずれを正すことや、不正な口コミの影響を取り除くことが目的で合理性がある。結果として評価が下がったとしても、店側への影響は限定的だ」と指摘。「食べログ側は優越的な地位を利用して、店側が不利益になる取り引きを行ったが、不当とまではいえない」としました。

これに対し、原告の「韓流村」は会見で、「不当に点数を下げられたほかのチェーン店にとっても残念な結果で、衝撃的だ。システム変更後のおよそ5年間で28店舗のうち、19店舗が赤字が続いて閉店に追い込まれた。判決は大変遺憾」と述べ、最高裁判所に上告しました。勝訴したカカクコムは、「食べログのアルゴリズム変更に違法性がないことが確認され、当社の主張が正当だったことが認められたと考えている」とコメントしていますが、最高裁がどう判断を下すかはわかりません。

ただ、この件で面白いのは、韓流村の代表取締役、任和彬《イム・ファビン》氏は食べログの有料会員でもあり、韓流村は裁判中も変わらず広告を出稿していることです。

〈（任氏は）「カカクコムは画期的なビジネス・モデルで、尊敬すらしている」と言う。だからこそ、「飲食店は食べログに依存していて、広告により集客をしてもらっている」

ことを認めている。ただし、「公平公正な運営がなされるのであれば」と、クギを刺すことも忘れていない〉（文・新山勝利「食べログ裁判、訴えた焼肉・韓国料理店の社長の『意外な素顔』とは」ダイヤモンド・オンライン2022年11月12日配信）

ただ、最近では食べログよりも情報が早く、誰もがコメント出来、恣意的な文章でもそのまま載せられる「グーグルマップ」のほうが、真実味があるという意見も出てきています。私の友人の若いフーディーに言わせれば「特にカジュアルな店はグーグルの方が強く、まずはそちらを参照します」とのことです。彼らは文章を評価するよりも、インスタグラムやティックトックのように写真や映像で料理店を選択するほうが当たり前になっています。味や店の評価も多様性を帯びてきていると言えるでしょう。

情報が拡がりすぎたことの弊害

もうひとつの弊害は、食に関する情報が多くなったことによって、食へ興味を持つ人々が多くなり、美味しいと言われる一部の飲食店に殺到することで、トラブルが多発していることが挙げられます。本書冒頭の港区の寿司店の話も、そのいい例です。

日本の世帯年収で1500万円以上の収入がある世帯の割合は3・7％しかいないと

言われますが（厚生労働省「２０２1年国民生活基礎調査の概況」より）、人口1億２０００万人を考えれば少なくとも４００万人以上はいるのではないでしょうか。年収がそこまでいかなくても、実家に住んでいる独身もしくは子供のいない共稼ぎならば、月に10万円以上、外食に投下するのは、それほど苦ではないでしょう。

しかも、私が若かった時代は「男性が女性の分を払うのは当たり前」と言われていましたが、いまは割勘が常識。なので、1回の外食に数万円かかったとしても毎週行けるわけです。それを毎回ＳＮＳに投稿していれば、食いしん坊認定を受け、さまざまな仲間からお誘いがくるようになります。

「食いしん坊仲間」のあいだでは、複数名の予約を取ってからネットで参加者を募るため、知らない人同士が隣り合うことも当たり前。大人数で取った予約を見ず知らずの人とシェアするマッチングアプリまで登場しています。ある銀座のクラブ経営者は、「いまの若い人たちは異性ではなく、食のほうに関心があるね」と嘆いたほどです。

情報は平等ですから、ネットリテラシーをもって探せば、美味しいと言われる店には簡単に行きつきます。その結果、一部の有名店には予約が殺到して、半年どころか3年、4年待ちの店もかなりの数、存在しています。たとえば、私が先日まで持っていた最長の予約は7年後でした。

そうなると、店側は電話を取って「満席です」と断ること自体がストレスになってきますし、料理人はインフルエンザやコロナにも罹れません。いまや「美味しい店」に予約するために電話をかけても、出てくれないどころか、電話すらない店もあります。私もスマホを忘れて道に迷い、公衆電話でかけてもつながらず、困ったことがあります。

数か月に一度、予約を取る日が決まっている店も多くなってきました。客は何台もスマホを手元に置き、予約電話をかけているのですが「半日以上つながらず、もちろん予約出来なかった」とSNSに投稿された例は枚挙にいとまがありません。

断るストレスのあまり、すでにある予約客をさばいたあとは、しばらくの間、休業した店もありましたし、いつの間にか会員制になっている店もあります。私も数年ぶりにある店に電話したところ、電話口の向こうからどう考えても女将の声が聞こえたのですが、「どなたさまですか。当店は会員制で、お名前の方は登録されていませんので」と淡々と言われたことがあります。長い間行っていなかった自分も悪いので、黙って撤退しましたが、いい気分ではありませんでした。

「予約の取れない店」のプレミアム化

先述の予約代行アプリ「オマカセ」は店の希望日に一斉予約を取れる機能があり、客側にも高い手数料を払うと優遇してくれるＶＩＰ会員システムがあります。それでも取れない店は取れないそうです。

「テーブルチェック」も、遊園地などの人気アトラクションに並ばずに入れる「ファストパス」システムを導入。人気ラーメン店など、予約制ではないが行列が常に出来る店に、料金を上乗せすると並ばずに入れるシステムが好評です。

さらには「予約の取れない店」の席をリザーブする権利をオークションで売買するアプリすらあり、店によっては一席数十万円しています。しかもこれは席の権利ですから、さらに実際の料理代、飲み物代もかかるわけです。当然ながら、その手の店は高いので、さらに10万円近いお金が飛んで行ってしまうケースもあります。

私には、どういう人間がそこまでして有名店に行きたいのかはわかりません。が、大事な接待相手が軽い気持ちでそうした店の名前を挙げたばかりに、このような狂騒曲が繰り広げられているのかもしれません。

私のところにも、「どうしても友人が行きたいというのだが、取ってもらえないだろうか」という頼みごとが一時、ずいぶん来ました。

海外の大箱店なら無理を言って、トイレの近くなど環境の悪いところに数席作ってもらうことが出来るかもしれませんが、日本の場合、予約の取れない店はカウンター10席程度だけの店が多く、仮に常連だったとしても、そこに席を設けることは物理的に不可能です。しかも以前、良かれと思って取ってあげたところ、向こうは経緯がわからないからか簡単にドタキャンされたことがあり、それ以降、そういう間接的な依頼には応じないことにしています。

仮に予約保持者が3人連れていき、その3人が「次回は私も予約したい」となると（たいてい、その店が旨いかまずいかに関係なく、みな予約を入れたがります）、予約数はネズミ算的に増えます。そこで最近は「予約保持者本人しか次回の予約は受け付けません」とする店も増えています。さらに、予約困難店に席を持っていたとしても、訪れたときに次回の予約をしなければ権利放棄とみなされ、次回以降の予約を入れることが出来なくなる店もあるから面倒です。私自身「次回どうなさいますか？」と聞かれ、無理して継続するほどではないなと思い、予約のループから自主的に外れた店もかなりあります。

また、本来は多数の人による少額の資金によって事業を応援するはずの「クラウドファンディング」が、最近は会員制を敷いた飲食店のPRに使われることも多くなっています。会員権を事前に購入出来る権利を売るわけですが、「会員制の店に自分は行ける」というマウンティングしたい客の心をうまくくすぐり、かなりの金額を調達している例もあります。

それほど「予約の取れない店」への需要が高まっているにもかかわらず、その一方で、ドタキャン、ノーショウ（連絡せずに店を訪れないこと）による食材のロスや機会損失も問題になっています。最近は予約時にクレジットカード情報を控え、前日キャンセルは、たとえコロナに罹ったとしてもキャンセル料を100％取る店も出てきましたが、力関係ではまだまだ店側が弱いと思います。

クレジットカードの事前登録はネット予約だからこそ出来るシステムですが、ネット予約が多くなり、誰もが簡単に予約が可能になったことから、逆にドタキャンが増えたという皮肉な結果にもなっています。

食いしん坊がコミュニティ化するのも無理はない

では、「予約の取れない店」に行くにはどうしたらいいのでしょうか。実は先述の

「食いしん坊仲間」のコミュニティに属せば可能になることが多々あるのです。

食いしん坊のコミュニティ仲間にとって「美味しい料理に出会う」ことはなによりも重要。しかし、その料理が美味しいか美味しくないかの基準は、人によって違います。なのでフーディーたちは、同じような趣味嗜好を持つ仲間同士でコミュニティを結成し、その中で情報交換をするわけです。そこには趣味嗜好だけではなく、やはり経済力も加味されます。

彼らが訪れたい店は世界中のフーディーが訪れたい店です。しかし店のキャパシティは決まっています。いい食材だって限られているし、いい料理人の給料もどんどん上がっています。内装や器、場所にもこだわるようになっていきます。それらはすべて価格に跳ね返るわけです。いまや銀座や港区の寿司屋は一人前のおまかせコースが5万円を超えるのも不思議ではなく、3万円しないと「安いね」と言われるほどです。焼鳥だってコースが15000円以上するところもある時代です。カニ料理で有名なある料理店の今シーズンの料金は30万円以上だと聞いて驚きました。

銀座にある、フーディーにはつとに有名なステーキ屋は、最高級のワインを開けるとひとり100万円以上の支払いになると言われています。白トリュフを齧ったり、最高級の和牛サーロインを牛丼にしたりすれば、料理だけでも20万円を軽く超えます。しかし店内はカウンターだけ、そもそも居抜きで始まった簡素な内装の店です。

そうしたレストランに価値を認めるかは、その人次第です。「いきなり！ステーキ」にいけば数千円でお腹いっぱい食べられるのだからそれでいいという人にとって、銀座のステーキ屋に金を払う意味はまったく見いだせないでしょう。しかし日本の最高級のアワビがすべてこの店に来て、黒毛和牛のシャトーブリアンの一番いい肉が食べられるのであれば、プライスレスだと感じる人もいます。そうしたことに対して、似たような価値観、経済的な価値を見いだせる人々がコミュニティを作っていくのです。

口コミで流れていく情報

コミュニティはほとんどの場合クローズドで、存在すら知られていないものもあります。そこでは、

「ミシュラン三つ星のあのレストランの副料理長が来年、広尾で独立することが正式に決まったよ」

「西麻布のあのフレンチだけど、パトロンが決まって、今度移転して大きく展開するら

しいよ」

といった情報がいち早く飛び交います。

そうした情報を誰よりも早く知ることで、コミュニティ内でマウントを取れること自体が快感なわけですが、コミュニティに属しているとさらに別の利点があります。

たとえば、有名レストランの料理長の独立が決まった場合を考えましょう。そのコミュニティの誰かがシェフと親しかったら、彼は応援したいと思うでしょう。しかも有名店のシェフの独立ですから、すぐに予約の取れない店になってしまうかもしれません。ですから彼は開業直後に店を一日貸し切り、そのあとで参加者を決めて仲間で出かけるのです。となると、そのコミュニティに属することで、今後人気が出そうな店に参加する権利が得られるわけです。早い者順で参加出来ることが多いようですが、なかには「参加の方々の関係性を考慮するので早い者順ではありません」などと書かれる場合もあります。

コミュニティの中で、「来週、予約の取れない店に行くのですが、コロナでひとりキャンセルになったので募集します」などと告知があったりするので、自分が予約を取れなくても行けたりすることは、珍しくありません。最近では、予約の取れない店に行きたい人が名前を登録し、予約を持っている人が参加者を選ぶアプリすらあります。

近年出来た会員制のコミュニティで私の印象に残っているものがあります。長年、外食をし続けたオーナーが、食を愛するばかりに自分で店を作ったのです。しかも、会員は自分ひとりでしか行かれない、つまり同伴者を連れていくことが出来ないコミュニティ兼飲食店なのです（最近は少し緩くなったようですが）。

カウンターと個室だけですが、そこに集うのはみなひとり客ですから、自然とお互いが仲良くなりますし、シェフやオーナーとも交流が生まれます。「シャンパンデー」などといったスペシャルなイベントのときには、シャンパンは個々に購入するものの、カウンター全員で楽しむというルールがあるそうです。

知る人ぞ知るクローズドなコミュニティですが、オーナーが気に入らないと入会出来ず、詳細は会員以外はわかりません。私も初期には出入りしていましたが、いまどうなっているかは知りません。きっと仲良くなった会員同士でグルメツアーなどをやっているのではないかと推察しています。

フーディーとシェフは持ちつ持たれつ

こうして食いしん坊のコミュニティがたくさん出来ると、シェフとの交流も一般的になってきます。

私が好きな昭和の時代の食随筆にも、食通が料理人をいろいろな料理店に連れていく場面があります。しかし当時は、若い料理人をおごりで連れていき、勉強させて、彼らが成長するのを見守ることで自分も美味しいものを食べられるようになるという、ある種「上から目線」的な意味合いでした。

ところがいまは、フーディーと料理人は対等で、おごり、おごられもない代わり、おたがいに情報を交換し合っています。それにもやはり、SNSの発達が背景にあります。料理人は普段の夜にはなかなか他の店に食べには行けません。ですから、限られた時間には美味しい店に行きたい。フーディーたちの情報をうまく利用したいわけです。

一方、フーディーたちは自分たちが行った店をシェフに開陳し、そこに行ったシェフに褒めてもらえれば自己承認欲求が満たされます。それを機会に仲よくなって、シェフの休みの日に一緒に食べに行かれるようになるかもしれません。

いまやこうしたやりとりは日常化し、フーディーやコミュニティ、一流シェフの情報は、瞬く間に共有されていくのです。そこから、これまでは知ることの出来なかったオフレコ情報も流れるようになっていきます。そうなると、食コミュニティを牽引する、実力のあるフーディーたちは、食の世界においてはとても力を得ることになります。そして、その傾向は世界共通なのです。

先述しましたが、世界の飲食関係者にとってミシュラン以上に信頼性を得ていると言われるガイドに、「世界のベストレストラン50」があります。２００２年からスタートし、文字通り、世界中のレストランのランキングを行うもので、ここで上位に入ったレストランには予約が殺到します。

メディアにも多く登場するだけに、いまや世界のトップレストランは、ミシュランガイド以上に入賞対策に追われており、専門ＰＲ会社まであると言われています。そして、そのランキングに世界のトップフーディーたちがとても大きくかかわっているのです。

というのも、ランキングを決める審査員は世界各国から選ばれた１０４０人ですが、「シェフやレストラン関係者」「フードライターなどのジャーナリスト」に加えて、「いわゆるフーディーと呼ばれる食通たち」が投票にかかわるからです。フーディーの投票が全体の３分の１を占めますから、彼らに投票してもらえるかどうかは、店にとって大変重要な要素です。

審査基準は「あなたにとってベストレストランとは？」。「ベスト」の基準は人によって違っていてよく、料理のクオリティ、レストランのデザイン性、シェフの哲学、アクセスのしやすさなども基準となると言われます。

料理そのものの評価よりも〈おいしいのは当たり前で、その上で何が体験できるのか、何を共有できるのかが求められている〉と、日本のチェアマンを務める中村孝則さんは話しています（「『世界のベストレストラン50』に見る、美食のこれから　中村孝則さん」朝日新聞デジタルマガジン&w、2018年8月31日配信）。

ミシュランがレストランの料理への評価なのに対し、世界のベストレストラン50は人気ランキングというわけです。審査員も一定数、毎年入れ替わります。18か月以内に行ったレストランにしか投票出来ないので、世界中を飛び回って食べられる人しか審査員にはなれません。まさに、富裕層のためのレストランガイドなのです。

ここ数年で言えば、フードロスに取り組む社会活動家のシェフ、貧困者への食事提供をしている店などが評価される傾向にあります。また、「アジアのベストレストラン50」、「ラテンアメリカのベストレストラン50」などエリア分けしたランキングも派生しています。

２０２３年6月にスペイン・バレンシアで発表された、最新ランキングによると、頂点に立ったのはペルーの「セントラル（Central）」。南米として初の栄冠です。これまで欧米で占められていたトップにはじめて欧米以外の国が上り詰めたのです。シェフのビルヒリオ・マルティネスは夫人のピア・レオンとともに社会活動にも熱心に取り組んできた、まさに今の時代を象徴するレストランです。

日本勢では日本料理「傳」（東京）が21位、フランス料理「フロリレージュ」（東京）が27位、同「セザン」（東京）が37位に入賞。これまでの常連だったイノベーティブ料理「NARISAWA」（東京）は惜しくも51位、前年41位にランクインしたフランス料理「ラシーム」（大阪）は60位と後退しました。

日本のレストランがはじめて50位以内へ入ったのは２００９年の「NARISAWA」でしたが、２０２３年は3店舗がランクイン（前年は過去最高の4店舗）し、傳は２０２２年「アジアのベストレストラン50」で1位、２０２３年では「セザン」が2位になっています。そしてセザンは２０２４年、アジアの1位に輝き、傳は8位に後退しました。

レストラン側もフーディーの動向には細心の注意を払っていますし、フーディーも自分が高評価したレストランがランキング上位になると喜ぶ。つまり、世界のレストラン産業にフーディーの動向が深くかかわっているわけです。

頂点に君臨する日本人

そして、世界のフーディーたちのトップに君臨するのが先述の浜田岳文さんという日本人なのです。彼は世界のフーディーのトップを選ぶランキング「OAD Top Restaurants」のレビュアーランキングで2018年から5年連続世界第1位となり、世界中の美食を牽引しています。

浜田さんは1974年生まれ。アメリカのイェール大学に在学中、学生寮のまずい食事から逃れるため、食べ歩きを開始したといいます。外資系の金融機関に勤めたのち、現在はエンターテインメントや食の領域のアドバイザーを務めつつ、世界中を踏破し、各地で食べ歩きを続けています。日本で2021年から始まった、わざわざ訪れたい地方のレストランを評価する「The Japan Times Destination Restaurants」の選考委員も務めています。まさに世界中の食に光を当てるのが浜田さんの仕事なのです。

浜田さん以外にも世界レベルのフーディーと呼ばれている日本人はいますし、私の周りにも「これぞフーディー」と考えられている人は多数います。彼らの特徴は、基本的に本業は食と関係ないが、食に関する造詣がとても深く、幅広いこと。そしてお互いの情報交換も密接で、美味しい飲食店の情報はすぐに彼ら同士で共有されます。

そうしたフーディーたちの力を合わせて出来たプロジェクトに京都・祇園のレストラン「空」の試みがあります。空は京都のフーディーの代表とも言える株式会社トーセ会長の齋藤茂さんやキョーラク株式会社社長の長瀬孝充《たかみつ》さん、株式会社山中商事代表取締役の山中隆輝さん、株式会社ロマンライフ社長（現・会長）の河内誠さんら６人がはじめた２０１６年から２０１８年までの３年限りの食プロジェクト。祇園の町家をレストランに改装して、そこに日本のみならず世界中から毎週、違ったシェフがやってきて、１週間限りのポップアップレストランが行われたのです。

選ばれたシェフは、村田吉弘（菊乃井）、栗栖正博（たん熊北店）、佐々木浩（祇園さゝ木）、ティエリー・ヴォワザン（帝国ホテル東京 レ セゾン）、脇屋友詞《ゆうじ》（Wakiya）、徳岡邦夫（京都吉兆）など58人。紹介制のため、そのカウンターに座れるのは限られたメンバーのみでした。私もお誘いを受けて、一度だけお邪魔しました。錚々たるフーディーたちを前にして、シェフは緊張していましたが、同時に楽しそうに調理をしていたと思います。

空プロジェクトは惜しまれながらも予定通り3年間で終了しました。が、現在は場所を東京に移し、同じようなコンセプトの「祿《ろく》倶楽部」が運営されていますし、「空」を契機に各地でポップアップレストランの試みが活発に行われはじめています。

出来るのは数年後のようですが、都内の最低でも数億円はするマンションばかり立ち並ぶ地域の一角にキッチンラボを作り、そこに日本中からシェフを呼ぶ会員制ポップアップの企画も聞いています。富裕層の会員たちは東京に居ながらにして日本中の美味しい料理を食べられるし、シェフはそれをきっかけにして数億円のマンション居住者に店に足を運んでもらえるかもしれません。すごい話だなあと思っています。

「DINING OUT」というイベント

ポップアップレストランの代表的なイベントに、「ONESTORY」（博報堂DYメディアパートナーズの子会社だったが、現在は株式会社ヨシムラ・フード・ホールディングスに譲渡）がはじめた「DINING OUT」があります。「日本のどこかで数日だけ開店する、プレミアムな野外レストラン」をコンセプトにしたイベントで、2012年から開催されています。

自治体からの予算や協賛会社を得て、半年間くらい時間をかけ、地方のなにもないところにテントを設営、数日間だけの限定レストランを開くのです。そこにトップシェフを呼び、地産地消の食材を使った食事会が行われます。参加費はひとり15万円前後（交通費は別）ですが、それでもすぐ満席になってしまいます。

初回のイベントは新潟県佐渡で行われました。歴史ある大膳神社境内にある能舞台で薪能を上演しながら、「エル・ブジ」で修業したイノベーティブ料理「山田チカラ」の山田チカラシェフが地元の食材と酒を使用したディナーを提供する、という内容でした。

その後も、沖縄県八重山諸島石垣島、徳島県祖谷《いや》、大分県竹田市、静岡県日本平、佐賀県有田町、広島県尾道市、佐賀県唐津市、宮崎県宮崎市、北海道ニセコなどで行われていましたが、コロナで一時期開催はストップ。コロナ後のひさしぶりの開催は2022年7月でした。場所は長野県木曾・奈良井で、「世界のベストレストラン50」に選ばれた「傳」の長谷川在佑《ざいゆう》シェフと行われたのです。

2023年2月には比叡山延暦寺の「大書院」で、ミシュラン二つ星の和歌山「villa aida」小林寛司シェフが精進料理をテーマにして作りましたし、2024年2月には、那覇市の首里城で、ミシュラン三つ星の中国料理「茶禅華《さぜんか》」の川田智也シェフを迎えて行われました。首里城はユネスコの世界遺産にも登録された、かつての琉球王国の城。

そこで川田シェフは、琉球王国の宴席料理「御冠船料理《うかんしん》」の現代版を作ったのです。

DINING OUT は大舞台なので綿密な計画と予算が必要ですが、シェフ同士のコラボやポップアップは日本各地で行われています。先述したように、「料理の鉄人」のころは異なるジャンルのシェフが交わることはあり得ない時代でしたが、ネットの発達によって、誰もが簡単に交流出来るようになったからです。

最近の若者たちはお互いに情報を教えあうことに躊躇がありません。ネット以降の世代、一般に「Z世代」と呼ばれる若者たちの特徴のひとつは、情報の出し惜しみをしないことにあると私は思っています。私がそうですが、昭和の世代はどうしても、情報をひとり占めして自分だけが勝ちたいという意識があります。しかし、Z世代には、みんなで情報を共有して、一緒に上へ登っていこうという連帯意識があります。だから勝ち負けにあまりこだわらない。そこが彼らの強みだと私は思っています。

先日の能登半島地震でもすぐに、被災された飲食店と東京や金沢の飲食店や客を結ぶコラボイベントやポップアップが始まりました。これまではコラボを企画しても、常連にしか告知出来なかったわけですが、いまはネットを使って世界中に知らせることが出来、いいイベントはどんどん共有されます。普段はあり得ないようなシェフ同士のイベントならなおさら、高い値段でもすぐに満席になるのです。

世界的に評価される日本人シェフ

外食への期待が高まっている背景には、日本人シェフへの高い評価があります。しかも、それは世界的な傾向です。2013年に和食が世界遺産登録を受けてから、日本の料理に関する興味は世界中で高まりました。

これまでは、海外の日本料理店に行っても料理人は日本人以外のアジア人だったり、その国の人だったことのほうが多かったのですが、最近は日本人が作っているケースも増えました。フランスやイタリアに修業に行っている日本人シェフの評価はかねてからとても高く、現地のフーディーたちのあいだでは「スーシェフが日本人の店は美味しい」と言われているとも聞きます。

中国料理では近年、革命的なことが起こりました。広尾にある「中華香彩JASMINE」の名前を高からしめた総料理長の山口祐介さんが、2021年に中国浙江省の天台山にある山岳リゾートホテル「星野リゾート　嘉助天台」の総料理長に就任したのです。運営が星野リゾートとはいえ、多くの中国人シェフのトップに日本人が就任したことは画期的です。

　その後山口さんは、２０２４年3月にオープンした、麻布台ヒルズのアマングループの運営するラグジュアリーホテル「ジャヌ東京」の中国料理「虎景軒（フージン）」料理長に迎えられました。私も早速訪れましたが、大陸の味を経験した山口さんの料理は一段と進化しており、早くも世界中からフーディーが押し寄せています。

第8章　外食業界の5つの方向性

プランドゥシーとトランジットジェネラルオフィス

近年、存在感を増しているのがレストランのデザイン力です。なかでも「プランドゥシー」や「トランジットジェネラルオフィス」のそれは高い評価を受けています。彼らは本社からしてカフェのような雰囲気で、飲食店を作るというよりもライフスタイルを作る会社として、デザイン力を前面に打ち出しているのです。

プランドゥシーはもともと結婚式場からスタートしましたが、「日本のおもてなしを世界中の人々へ」をミッションに掲げて、神戸のオリエンタルホテルなどのホテル、レストランへも進出。歴史的価値の高い建築物をリノベーションし、再利用している店舗が多いのが特徴となっています。

そのため、共通のブランド名を使ったチェーン展開ではなく、店舗ごとに異なるコンセプト、デザインなのが特徴。最近では伊豆の老舗旅館「落合楼」を新しいコンセプトの「おちあいろう」として再生させています。

トランジットジェネラルオフィスは海外の流行を日本に取り入れるのがうまく、東急プラザ銀座のギリシャ料理「アポロ」や、オーストラリア・シドニーにある世界一の朝食で知られるダイニング「ビルズ」を鎌倉・七里ガ浜にもってきたことなどで有名です。

2023年にオープンした麻布台ヒルズでは、森JPタワー33・34階の「ヒルズハウス」のプランニング・オペレーションを受託。入居企業のワーカー限定の会員制エリア、三國清三シェフ監修のグランビストロ、企業の貸切やパーティーなどに適応する大型ダイニングスペースまでをトータルプロデュースしています。

彼らが存在感を持った理由のひとつに、商業デベロッパーとの結びつきがあります。三菱地所、三井不動産、森ビルなどの大手商業デベロッパーは、ここ30年ほどのあいだに、単なるビルの建設ではなく、都市をデザインする企業に変身してきました。東京で言えば、三菱地所の大丸有（大手町・丸の内・有楽町）の再開発、三井不動産の日本橋や六本木、日比谷、八重洲の再開発、森ビルの六本木ヒルズ、麻布台ヒルズの開発などが、わかりやすい例です。

丸ビルと六本木ヒルズ

その象徴的な例は、２００２年に全面改装された東京駅前の丸の内ビルディング（丸ビル）と２００７年にやはり建て替えられた新丸の内ビルディング（新丸ビル）、そして２００３年に出来た六本木ヒルズと言えるでしょう。特に丸ビルと六本木ヒルズはほぼ同時期に出来たことで、東京が新しい都市に生まれ変わるきっかけとなったと言えます。

もともと三菱地所は、丸の内を中心に三菱グループ各社の本社ビルなどを保有していることから「丸の内の大家」と呼ばれ、保守的な会社と思われていました。ところがビル老朽化により、１９９８年から２０１７年までの20年間で総額９５００億円を投資してビルの建て替えをする都市再生事業を展開する必要から、都市全体のデザインを考え始めました。その象徴が東京駅前にそびえる丸ビル、新丸ビルなのです。

それまで丸の内一帯は純粋なビジネス街としての性格が強かったのですが、再開発ではビルの低層部に高級ブランドや飲食店を誘致するなど商業機能を強化。丸ビルで言えば35・36階に高級飲食店を入れ、低層階にはカジュアルな飲食店を入れるなどトータルコンセプトを強化しました。

5年遅れで建て替えられた新丸ビルにおいては7階を「丸の内ハウス」と名づけ、〝街のゲストハウス〟をテーマに個性豊かなレストランやバーを揃えました。フロアの真ん中にはＤＪブースやミラーボールもあり、さまざまなイベントを展開出来る設計になっているなど、お堅いイメージの三菱地所らしからぬフロアになっています。

一方、丸ビルの翌年に出来上がった六本木ヒルズは、54階建ての森タワーを中心にして、ルイ・ヴィトンやエルメスなどの高級ブランドショップや外資系を中心としたオフィス、シネマコンプレックス「ＴＯＨＯシネマズ 六本木ヒルズ」、ホテル「グランドハイアット東京」、森美術館やギャラリースペース「森アーツセンターギャラリー」、会員制クラブの「六本木ヒルズクラブ」などを有した新しい街になっています。

街のデザインは、上海環球金融中心（上海ヒルズ）やブルネイ財務省ビルなどポストモダン建築で有名なアメリカ「コーン・ペダーセン・フォックス・アソシエイツ」が森タワーやグランドハイアット東京などを、ロサンゼルスオリンピックの都市計画で有名なジョン・ジャーディが率いる「ジャーディ・パートナーシップ」がけやき坂など低層部の商業エリアを担当。イメージキャラクターの「ロクロク星人」は現代芸術家の村上隆によるものです。

外食業界の5つの方向性

近年はこのようにデザインと飲食が絡み合うことで人気レストランになる傾向が強まっています。商業ビルはどうしても、そこで働くビジネスマン（デベロッパー用語では「ワーカー」）のランチやディナーを提供しないといけないという使命もかかえるため、デザインを最優先にはしにくい面がありますが、それでも新丸ビルの丸の内ハウスや、六本木ヒルズのレストラン街はかなり振り切っています。麻布台ヒルズにも、新しいコンセプトのレストランがいくつも出来ました。

これまでは「商業ビルには成功した飲食店の2号店、3号店を同一コンセプトで入れておけば大丈夫」といった意識が強く、魅力的な店が少なかった時代が長く続きましたが、いまは個人店ですら商業ビルの飲食テナントを目指そうという動きが出てくるようになったのです。

今後の外食について、私は5つの方向で可能性を考えています。

ひとつは純粋に料理人と料理の魅力で勝負する飲食店。これは、さらにふたつの方向性を考えています。

2番目は、マーケティング力を駆使して、良くも悪くも、いまの世相をうまく取り入れている飲食店。

3番目は、新たな動きとして出てきた、デザインを中心にしたライフスタイルコンセプトを打ち出し、時代のフロントランナーになる飲食店。

4番目は街のきらりと光る個人営業の店。

そして最後がチェーン店を中心とする外食産業です。

個々についてくわしく見ていきましょう。

アートのような料理を提供する「イノベーティブレストラン」

この30年ほどのあいだで料理人の地位は向上し、いまや料理は世界中で演劇や音楽と並ぶ、「目の前で奏でられるアート」と捉えられています。

料理人は、皿の上で料理を表現するだけではなく、SDGsや貧困などの社会課題にも向き合い、食の分野全体で課題を解決しようとしているのは先述した通りです。

こうした料理のことも最近は「ガストロノミー」と言ったりしますが、料理の構成が難解なものも多く、「なんでこんな食材同士を合わせたのか」「いくら地産地消と言っても、このソースを合わせるのはおかしいのではないか」などと考えさせられる例も少なくありません。

その一方で、美味しさは不変のものです。頭で考えるのではなく、目の前の料理を食べることで、思わず「美味しい」とつぶやいてしまうような料理が食の豊かさにつながるのは、いつの時代でも同じことです。料理人も、料理を自己表現の手段にしようと思う人々と、単純に美味しいものを提供したいと思う人々とに分かれてきていると私は思っています。

前者の動きはワールドワイドな広がりを持ちます。これまで見てきたように、いまの「料理（ガストロノミー）」は、欧米だけでなく、北欧や中南米といった、かつては辺境と思われていた土地のものに注目が集まっています。北欧や中南米は、欧米のように肥沃な大地を持てなかったがゆえに、けっして種類が多くない食材に対して、発酵や熟成といった技術を使って多様性のある料理を作り上げてきました。それが現在、評価されてきているのです。「イノベーティブレストラン」と言われるジャンルがそれです。

日本でも同様の動きがあります。2023年の「世界のベストレストラン50」で世界一にも輝いたペルーのレストラン「セントラル」は東京に国外初の支店「マス（MAZ）」

を作り、いきなりミシュラン二つ星に輝きましたし、麻布十番にある、北欧で修業した児玉智也シェフのイノベーティブ料理「アシッド・ブリアンツァ（ACiD brianza）」は、ミシュランのセレクテッドレストランになりました。

地方に目を転じれば、日本でいま一番注目されているレストランのひとつ、軽井沢「Naz」は、まだ30歳の料理人、鈴木夏暉《なつき》シェフが26歳のときに開いたレストランです。軽井沢と言っても軽井沢駅からしなの鉄道で2駅離れた信濃追分というはずれの場所で、その信濃追分駅からさらに車で10分ほど。ホテルの受付前のラウンジを改造したようなレストランで、厨房も広くありません。

軽井沢の郊外で生まれ育った鈴木さんは、最初は近所のカジュアルイタリア料理店で修業したのですが、本場を知りたいと思ってイタリア修業に出かけました。その後、彼に革新をもたらしたのは、「世界のベストレストラン50」で世界一に輝いたデンマークの「ノーマ」や「カデュー（Kadeau）」での経験でした。そこで覚えた「発酵」をテーマに彼は独立。オープン直後から軽井沢の別荘族のフーディーたちに「発見」され、いまや予約は1年以上取れません。私もはじめて訪れた頃は数か月に一度は行っていましたが、いまはかなり先。それでも毎回新しい感動を与えてくれます。なかでもこの店のスペシャル料理である、信州サーモンと発酵したカブを使った料理には、ここまで繊細な料理に仕上げられるのかと驚かされました。

また石川県小松市で「オーベルジュ　オーフ」の料理長を務める糸井章太シェフは、コロナ禍で決まっていた北欧に修業に行くことが出来ず、小松市という地方のレストランを選びましたが、そこで新たな魅力を発見したと言います。北欧や中南米での経験を持つ彼らは前衛芸術のような料理を作り、それを支持するフーディーたちが熱烈なファンとなっています。

自然に「旨い」と言える店のバブル化

しかし、こうしたガストロノミー志向の料理人よりも、一般的な旨さを追求する料理人のほうが、当たり前ですが数が多いですし、客も多い。イノベーティブなガストロノミーが頭を使う料理ならば、自然に「旨いなあ」と言える料理です。

特に日本人ならば、食べ慣れた和食は、普通に美味しいと感じられることでしょう。ただ、そうであるがゆえに、そのジャンルを評価する食いしん坊が増えて価格が上がり、いまやバブルの様相を呈しています。日本料理は高級食材を使えば、価格は簡単に10万円以上になってしまいます。

理由のひとつは、有名店で修業した料理人を追いかける人々の存在です。新橋に「京味」という日本料理店がありました。オーナーであり、料理人の西健一郎さんが一代で築いた名店で、政財界人から文化人まで、幅広い有名人が通う店でした。西さんは2019年に亡くなり、店も閉じられましたが、彼の下で修業した料理人の店、たとえば「井雪」「もりかわ」「新ばし笹田」「くろぎ」「味ひろ」といったところは、西さんの薫陶を受けたのなら美味しいに違いないということで予約の取れない店になっていますし、最近ではそこで修業した西さんにとっては孫弟子にあたる「山﨑」「川田」「礒田」「御成門はる」、さらには曾孫弟子店まで出てきて、どこも「西さんの系譜なら大丈夫だろう」と考えられて繁盛しています。

私は京味と並び称される赤坂「津やま」も好きですが、津やまからも「ひろ作」「なかあら井」「一寛」「脩《ゆう》」といった名店が出ています。

寿司屋で言えば、銀座「久兵衛」から「鮨かねさか」が出て、鮨かねさかから「鮨さいとう」「鮨まつもと」「銀座いわ」が出ているといった具合です。寿司の場合は日本料理より修業経験が短くても独立出来るようで、そういった例はやまほどあります。

また、ワインをきっかけに食に目覚める人も多くなりました。ワインはある程度、価格と味が比例するため、わかりやすいからです。しかも、いったん好きになると、高価なワインや希少性のあるものを追い求めるようになり、ますますハマってしまうのです。フランス料理店では、コース自体の値段は和食ほどではない（と言っても5万円程度の店はざらにあります）のですが、ワインの値段でトータルの支払いが倍以上になることも多いですし、ソムリエの甘言に乗ってペアリングでワインを飲んでいくと、ひとり100万円を超えてしまう店が、私が知る限りでも数軒あります。

そういう店が増えてきた原因はなんでしょうか。私が考えるに、

・わかりやすい美味しさだから誰が食べても満足出来ること
・この30年で高価な料理を食べる層が広がったこと
・格差社会の広がりで食に金をかけることが出来る人々が増えたこと
・彼らは食べ込んでいるわけではないので、「高級食材を使った高単価でわかりやすい料理＝美味しい」と思うようになったこと
・予約の取れない店の存在が公になり、それを知れば行きたくなるので、さらにその価値が上がること

・予約の取れない店に行けることがかっこいいと思われるようになったこと
・ネット社会の高価格マーケティングや希少価値マーケティングが巧妙になり、実際はさほど価値のない店を高付加価値飲食店ともてはやすようになったこと

などが理由として挙げられます。

こうしたことから、2番目の方向性である、マーケティング力を駆使して、世相をうまく取り入れたレストラン群が誕生していったわけです。

「予約の取れない小さい店」は利益が生みやすい

そもそも、東京で1回の食に当たり前のように3万円以上かけられる人々はどれくらいいるのでしょうか。私の知る限りでは統計的な数字はないのですが、議論をすると、周囲の肌感覚を総合して「2000~3000人ではないか」という結論になることが多いように思います。そして彼らが誘えば付いてくる人は1万人くらいかと思います。

さらに言えば、都内に「予約の取れない店」はどれくらいあるのでしょうか。これもまた定義がむずかしいですが、以前は人気の店でもせいぜい1週間先なら予約は取れたものですが、いまは数か月は余裕をみなくてはなりませんし、「再来年の3月以降なら」

などと言う店も複数あって、「来年ではなく?」と聞きなおす始末です。

仮に3か月以上予約が埋まっている店を「予約の取れない店」と定義した場合、こちらも肌感覚ながら都内に200店くらいはあるでしょうか。「予約の取れない店」と認定されないと登録審査が通らないことが多いと言われる予約サイト「オマカセ」の登録店舗は2024年段階で全国で500軒弱ですから、その半分が東京だとすれば、あながち間違っていないような気はします。

それらの店はほとんどがカウンターだけ、もしくは小さい個室がついているとしても席数は10席ほどです。実はこれらはマーケティングから編み出された店の適正規模なのです。と言うのも、最近の高級店は夜2回転が通常ですから、客単価5万円として一日の売り上げは100万円となります。月20日営業すれば年間の売り上げは2億5000万円近く。さらにランチ1回転をすれば3億円以上です。それでいて人件費は主人夫婦と弟子数人だけですし、小さい店なので固定費はたいしたことがありません。

一方、10席の店が2回転し、月に20日営業すれば客の人数は年間約5000人です。予約の取れない店が200だとすると100万人分、席が存在することになります。先ほどの約1万人で割れば年間100日、週に2日ほどです。私の親しいフーディーを思い浮かべると、そんなところかなあとも思います。

飲食店経営にはさまざまな変動要因があるため、どれくらい売り上げれば暮らしていけるかは一概には言えませんが、個人店なら利益率は10％前後ですから、通常は年間3000万円以上あれば、まあ食っていけると言われます。

予約の取れない店は高級店ですから、内装にも金をかけているでしょうし、原価は通常（30％と言われる）以上にはかけているでしょう。ですが、そもそも単価が高いわけですから粗利益の絶対額が相当高くなることは間違いがありません。もしも売り上げが年間3億円以上あるならば、数千万円の手残りがあってもおかしくありません。

しかも、それらの店はほとんどがおまかせコースなので食材のロスがなく、数か月先まで予約が埋まっているため、席数のロスもありません。最近はドタキャン、ノーショウが社会問題になっていますが、こうした店は常連だけしか予約出来ないため客の素性がわかっていますし、そんなことをすればネットに情報が回り、コミュニティから村八分にされるため、そういうことをする客は通常店より極端に少ないと言われています。

飲食店経営者に聞くと、日本人よりも外国人観光客の予約にドタキャン、ノーショウが多い傾向にあると言われますが、予約の取れない店はそもそも数か月以上先まで席が取れないため、一見やホテル経由の外国人は入れないのです。

いい食材の獲得競争は激しく、値上がりしているのも事実ですし、一流の料理人が不断の努力をしていることも知っていますが、これだけ儲かるなら料理人を志向しようという若者が増えてきてもおかしくないわけです。

しかも金余りの富裕層がパトロネージュして開業資金を出してくれるため、若年層の独立が増えています。２０１０年刊行の『BEST of 東京いい店うまい店』（文藝春秋）の寿司の歴史のダイジェストには、

〈平成に入ってからは、30代の若手の独立が目立った。バブル崩壊で安い資金で開店できるようになったからだろう〉

と書かれていますが、当時はまだ自分の資金で独立するほうが多かった時代でした。

いまは、有名店で修業した職人は、パトロンからの支援を受けて、20代で独立する例が増えています。有名店出身だとかつての客が応援してくれるし、ネットで広報宣伝するときにもマーケティングの惹句になります。その有名店には行ったことがなくてもそこより安いなら行こうという気になるからです。

元参院議員で、いまはシンガポールを本拠地にして投資家として活躍している田村耕

太郎さんは２０２１年12月26日のフェイスブックに、次のような投稿をしています。

〈日本でしか通用しない妙な起業家になるくらいなら、一流の寿司、ラーメンなどのシェフ、パティシエやバーテンダーになったほうが世界で活躍できる。私がアメリカ滞在中にユニコーン起《ママ》業家やキャピタリスト等から最も依頼を受けた案件は、「一流の寿司、ラーメンのシェフを紹介してくれないか？　パトロンになりたい」というもの。日本のお金やデータサイエンティスト、エンジニア、科学者、日本のスタートアップとの連携が欲しいという依頼は一件もなかったのに。彼ら超々富裕層の造りたい店で働けたら、もちろんビザも出るし、待遇も半端ないし、やりようによってはいろんな意味で大成功するかもしれない。顧客リストも彼らの友人中心なので半端ない〉

これほどまでに、和食人気は世界的傾向なのです。なので「有名店出身」「会員制」「港区の隠れ家」「限定数」「ミシュラン星付き料理人」などの魅力的なワードを用いてクラウドファンディングをすれば、富裕層がどんどん前払いで資金を提供してくれるようになっているわけです。

「俺のイタリアン」「俺のフレンチ」

それを見て、人材派遣やITなどで成功した経営者が、パトロネージュではなく、本格的に飲食店経営に乗り込んできています。

そのわかりやすい例が2011年9月に「俺のイタリアン」を開店するや、瞬くまに人気店となり、系列店を立て続けにオープンさせた「俺の株式会社」グループの躍進でした。これは、もともと「ブックオフ」を成功させた坂本孝さんが新規事業として起こしたモデルでした。「最高の料理を徹底的にリーズナブルに！」というコンセプトのもと、立ち飲み業態でイタリア料理店を開業したのです。

しかも調理するのは、世界の名店やミシュランの星付き店で腕を磨いてきたシェフという触れ込みで、彼らの等身大のパネルと経歴が店の前に大々的に置かれました。これまでの高級店は着席スタイルで滞在時間が長かったのを、立食とすることで客の回転を早めるスタイルにあらため、そのかわりに価格破壊を行ったのです。

たとえば銀座のクラブ街に2012年5月にオープンした「俺のフレンチ」は、渋谷の一軒家フレンチ「シェ松尾」取締役総料理長だったシェフを招聘し、「ウニとトマトのムースジュレよせ」（1500円）、「活オマールのロースト」（1280円）と、これまでのフランス料理店の3分の1程度の値段にしました。なかでも「ウニとトマトのムースジュレよせ」は原価率が300％で、売れば売るほど赤字という話でした。

ワインも「メーカー小売希望価格＋999円」という価格設定で、グラスシャンパーニュも800円から用意したのです。原価に通常の数倍もかけるため、粗利は少ないけれど回転数を増やすことで儲けるというモデルで、狭い地域に何店舗も出すドミナント方式で集客しました。

星付き店のシェフの料理をリーズナブルな値段で食べられるということで人気を呼び、ピーク時は開店の2時間前から行列が出来、閉店まで行列が途切れず常に満席だったことは記憶に新しいところです。一時は売上高が100億円近くまで膨れ上がりました。

その後、「俺の」は創業経営者が亡くなって一時不振に陥りましたが、事業再生の専門家が入って、いまは順調です。しかし、当時の革新的なモデルとは決別し、普通の飲食店チェーンになっています。

「のれんに偽りあり」の店

ただ、なかには紛らわしい宣伝方法を使って、食のリテラシーの低い客を巧妙に取り込んでいるところもあります。先ほど「良くも悪くも」と書いた所以です。

彼らはまず、かつてミシュランで星を取ったり、食べログで高評価を受けながら、なんらかの理由でいまは店を続ける意欲がなくなったり、他業種に転向したいオーナーを探し出し、店名ごと買い取るのです。別にいま星を取っていなくても、一度でも取ったことがあれば彼らは問題としません。そして次に、多額の広告宣伝費を使って、「ミシュラン二つ星獲得店」などと大々的に謳ってチェーン展開するのです。店名に関する限り、うそではありません。しかし、だいたいの場合、星を取った原動力になったかつてのシェフはすでにその店に関与していませんし、弟子が残ることも少ないため、実際はミシュランの威力はないのですが、ほとんどの客はそれを知りません。「ミシュランの二つ星がリニューアルしたのか」と信じて、訪れるわけです。

料理人がいないため、一度引退した還暦を過ぎた職人を現場に呼びよせる例も少なからずあります。私もある店で「最近の新店の職人は年寄りが多いなあ」と思っていたら、それが理由でした。星を取ったジャンルとは違う飲食店を展開している例もありますし、看板は譲渡しても食材業者リストは渡さないため、ある日突然メインで使っている食材の生産者が変わることもあります。

しかし普通の客には、その実態がわかりません。惹句にひかれてクラウドファンディングに応募したり、宣伝を真に受けて、高い店を訪れるわけです。情報は巧妙に流通しているため、商業ビルで飲食店リーシングが本業の大手デベロッパーの担当者でも、その仕組みがわからない場合があるといいます。

もちろん、あとを継いだ料理人がこれまで以上に技術を持っている例もあるでしょうし、目の前の皿を純粋に評価すればいいだけのことですが、最近はデザインやマーケティング、施設の豪華さなどを売りにしている店も多く、味の評価が二の次になっているところも多くなりました。

ライフスタイルを形作る店

3番目のデザインを中心にライフスタイルを形作る店は、デベロッパーの街づくりとともに発展していきました。森ビルが港区内を中心に作り上げた「ヒルズ」シリーズで特に効果を発揮しています。

アークヒルズから始まり六本木ヒルズ、表参道ヒルズ、虎ノ門ヒルズ、そして麻布台ヒルズと続いたヒルズは、基本的に何もない場所に街を作ることが目的です。そこに会社を誘致し、ビジネスマンを勤務させ、彼らだけでなく外部からもそのエリアに集い、魅力的で楽しめる場所にするためには、選りすぐりの物販や飲食施設がいくつもなくてはならないし、トータルな都市デザインが必要になるのです。

その担い手は、先述の麻布台ヒルズで、森ＪＰタワー33・34階の「ヒルズハウス」のプランニング・オペレーションを受託し、トータルプロデュースした「トランジットジェネラルオフィス」などがいい例です。彼らは自社で料理人やサービスを抱えながらも、海外ブランドや有名シェフとの結びつきをうまく使い、そこに今日的で日本人が気に入るデザインをいれることで、人気店に仕上げます。

そこまで大きな話ではなくても、商業ビルのワンフロアをひとつの外食産業が借り受け、トータルデザインを考えて自社だけでなく、サブリース（転貸）をしながら全体のデザインバランスを考える例もあります。

いまや都市デザインと飲食店は切り離せない関係になっています。

きらりと光る個人営業店

４番目は、古くからある個人経営の良店です。私くらいの世代が一番いい例ですが、これまで述べたようなとんがった店やマーケティング先行型はかっこいいとは思いますが、実際のところ、店に入っても落ち着かない場合が少なくありません。デザイン重視の店はおしゃれかもしれないけれど、別にデザインを見るために店に入ったわけでもないでしょう。多くの人は、結局は料理をふくめて居心地のいい店をもとめるわけです。

誰に話すわけでもなく、自分だけの常連店を持っていて、そこにばかり行くような人たち。彼らは、新しく出来た店ばかりに行く「コレクター」と呼ばれる人ではなく、いい店に出会ったら、そこに腰を落ち着かせ、長く通ってくれます。こうした客を捕まえられるかどうかが個人店の経営を左右します。

いまは客の数だけ、店のスタイルは存在します。ニッチな個人店でも強烈な個性を持っていれば成立する時代です。中国の郷土料理店、アフリカ料理店などもあれば、ナチュラルワイン専門店も普通に存在します。私の好きな店で言えば、六本木「52（ゴニ）」、池尻大橋「東京キュートピープル」、広尾「ポ・ブイユ」、麻布十番「たそがれ」「惣菜ふじやま」、荒木町「御料理ほりうち」、西麻布「ノーコード」などです。いずれも、仕事帰りにふらっと寄ったり、料理人と話をして、気分をリセットするところです。

飲食業で何億円も儲けたいというならこの方向性は違いますが、たのしみながら生活したいというのであれば、1軒を成功させれば充分生活は成り立つ時代です。自分の中にある「多様性」を、ひとつひとつ具体化して形にしていけば、結果として数店舗出せるかもしれません。しかもいまは飲食店だけにとどまらず、そこを中心としてコミュニティを作ったり、物販に乗り出したり、ハブとしての役割を担うことも出来ます。個人店が進む道はいくつもある時代になったと思います。

チェーン型店舗の未来

最後が、いわゆるチェーン型の外食産業です。

中村芳平『居酒屋チェーン戦国史』（2018年、イースト新書）によれば、居酒屋は1980年代の「養老乃瀧」「つぼ八」「村さ来」の旧御三家から、90年代に「モンテローザ」（白木屋、魚民、笑笑など）「ワタミ」（和民、鳥メロ、ミライザカなど）「コロワイド」（甘太郎、三間堂、北海道など）の新御三家に取って代わられたといいます。

しかし、この新御三家もいまや大きな優位性はなく、「鳥貴族」「串カツ田中」などが客を集めています。しかし、既存店が陳腐化することを恐れ、彼らもさまざまな新業態を模索しています。ファッショナブルなカフェ、ダイニングなどを新規事業として参入させていますが、なかなか定着していないようです。イメージの悪さと、ブラックな労働環境がその根幹にあると言われます。

回転寿司にも言及しましょう。須賀彩子『ビッグデータまで活用　回転寿司　止まらぬ進化』（電子版、2015年、ダイヤモンド社）によると、回転寿司の起源は1958年、現在の東大阪市にオープンした「元禄寿司」に由来すると言われます。一時は元禄寿司のひとり勝ちでしたが、特許が切れたこと、また1990年代後半に革命的なレーンが開発されたことと、21世紀に入ってから店内の大型化、ファミリー層の取り込み、安くて旨い食材の開発などが相まって空前の回転寿司ブームとなりました。

通常の飲食店の場合、原価率は30％程度ですが、回転寿司のそれは生ものを扱うためロスも多く、40％を超えると言われ、その分大型化でカバーしなくてはなりません。郊外の大型回転寿司はファミリー層で満席になっていきました。

2023年の店舗数業界首位は「スシロー」で、以下「はま寿司」「無添くら寿司」「かっぱ寿司」と続きます。長く100円均一が売りでしたが、高級ネタを売りにするお店も増えていますし、回転しない回転寿司店も増えました。

第9章　コロナ禍の試練

長期間にわたって拡大したコロナ禍

ご存知のように、2020年の年明けから始まったコロナ禍によって、飲食業界は大変厳しい状況に陥りました。営業自粛や営業時間の短縮、酒類提供や人数の制限などを余儀なくされ、多くの飲食店で売り上げが大幅に減少しました。農林水産省の資料によれば、外食産業（パブレストラン・居酒屋）の売上高は、コロナの拡大が深刻化した2020年4月で約9割減、2021年1月でも7割以上減と報告されています。

当初は東日本大震災直後における自粛ムードの状況に似ているのかと思っていましたが、はるかに長期間にわたって拡大しました。2020年2月の飲食業界の状況をみて、当時の私はこんなことを書きました。

〈多くのレストランでは大人数の会食がキャンセルされている。年度末の会食は彼らにとってドル箱だっただけに、これが続けば大変になることは容易に想像できる。

密室で数千人を集めるイベントや何千人が一緒にスタートする東京マラソンは中止することもやむを得ないとは思っている。でも、少人数なら自己責任で外食を楽しもうよ。それが二月末現在の、僕の偽らざる気持ちである〉（「味の手帖」の連載「悪食三昧」より）

しかし、そんな認識は甘すぎました。営業自粛要請から始まり、何度も出された緊急事態宣言のあいだ、飲食店はテイクアウトやデリバリーでなんとかモチベーションを維持しながら、コロナが終息する日を願っている状況でした。「協力金が出ているからいいじゃないか」と言われることもありましたが、それで恩恵を受けたのはほんとうに一部。大半の飲食店は試行錯誤を繰り返していたのです。焼鳥「鳥しき」、料亭「福田家」、割烹「食堂とだか」など普段は予約の取れない有名店ですら、ランチや弁当、デリバリーを開始するなど、さまざまな工夫を凝らさないと生き残れませんでした。

一番大変だったのは、大型居酒屋や、接待需要を主力客層とする席数30以上の店を複数経営しているところでした。全国で20以上の飲食店を経営する友人は2020年の夏にこう語っていました。

「うちはいくつもの業態をやっているので落ち方はまちまちですが、一番深刻だったのは、若者の宴会や結婚式の二次会需要で潤っていた肉系居酒屋のチェーン。2020年6月上旬になっても回復するどころか、売り上げは前年比10％台です。コロナがある程度収まっても前のように戻るとは思えないのですべて閉店しようかと思っています」

ITツールとフードテック

コロナで変わった生活様式は飲食店にとって厳しいものでした。

かつてサラリーマンは満員電車でビジネス街まで通い、ランチを食べ、夜は会食を行うのが当たり前だったのが、在宅勤務でそもそもランチ需要が半分以下になっています。以前は過密であることが人気店の証拠でしたが、いまは三密を避けて開放感を設けなくてはいけません。これまではおしゃれな隠れ家風だった地下の狭い店こそ敬遠されているのです。

コロナ禍の真最中、中堅飲食企業経営者たちと話し合いましたが、話を総合すると、今後の飲食店は、

①生命維持としての食事をするような店

②コロナにかかるリスクをわかっていても、それを上回る楽しみを得られる店

のどちらかに二分されるのではないかという結論になりました。

そして、飲食店は出来るだけ②になれるようにすると同時に、コロナにかかるリスクをなんとか減らし、経営改善でいままでより低いコストで成り立つよう、努力をしなければならない状況に直面しました。アクリル板やマスク、換気は典型的なリスク軽減対策でしたが、それと同時に、ITを導入し、現場の負担を軽減する試みが進行しました。スタッフ同士の情報共有を効率化するためのツールや在庫管理ツールの導入が図られましたし、オンライン予約やキャッシュレス決済、デジタルメニューも進化しました。

しかし一番進歩したのはフードテックでした。なかでも冷凍技術の進歩には目を見張るものがありました。

テイクアウトやデリバリーとともに多くの飲食店が導入したのは通信販売でしたが、これに必要なのが冷凍技術でした。これまで短時間でマイナス数十度にする冷凍庫は数百万円もして、それを導入出来る飲食店は限られていたのですが、開発が進み、なかには数十万円で購入出来るものも現れました。これによって飲食店は、店で出していたものを冷凍することで通販が可能になっただけでなく、常に必要なものを冷凍ストックすることで、時間と手間を節約出来るようになったのです。これまでも飲食店は冷凍庫を活用していましたが、従来の安価なものはマイナス10度以下になるまでに時間がかかり、商品の劣化が起こっていたため、長くは保存出来ませんでした。

そうしたフードテックを使い、料理のＯＥＭ（外部委託）も可能となりました。私の知っているある居酒屋はすべての商品をＯＥＭ化し、現場では湯せんやレンチンするだけで提供しています。それでも以前と比べてお客さんの満足度はまったく変わらなかったそうです。また、一番よく出る複雑な工程の料理をＯＥＭにすることで、シェフが作る手間を減らし、結果として人件費が少なくなった例もあります。すかいらーくグループなど、大型飲食産業では配膳ロボットを導入したところもありました。

ピーター・ルーガーの好調な滑り出し

コロナ禍は２０２２年冬まで続きましたが、そのあいだに体質改善をした飲食店と、しなかった飲食店の差が、コロナ終息後、すぐに現れました。

私にとって象徴的だったのは、コロナの終息がうわさされはじめた２０２１年秋にオープンした恵比寿「ピーター・ルーガー東京」でした。ピーター・ルーガーはニューヨーク・ブルックリンで１３０年以上の歴史を誇る老舗ステーキハウスで、ニューヨークの本店は、場所的には治安がいいところではないのですが、ステーキハウスが星の数ほどあるニューヨークでも「一番うまい」と言われるところです。数年前から日本進出をうわさされ、コロナが深刻になる前に発表されてはいたのですが、正式オープンに先立ち先行予約を開始したところ、あっという間に満席になってしまったのです。

運営元の外食産業、「ワンダーテーブル」の秋元巳智雄《みちお》社長（当時）のフェイスブックには、予約開始早々、こんな文言が躍りました。

〈本日12時からピーター・ルーガー東京の予約受付をオンラインでスタートしました。3分で140組の予約を頂き今日だけで600を超えるご予約を頂戴しました。皆さまのご好意で10月の枠はほぼ埋まってしまいました。ご期待に添えずご予約できなかった皆様にお詫び申し上げます〉

ピーター・ルーガーも、コロナ禍でこれまでの運営についてさまざまな反省をし、新しいテックを導入したからこそ、省エネでの営業が可能になっているのです。

インバウンドで活況を呈する地方

コロナが収まってからの外食産業には、明らかに変わったものと変わらなかったものがありますが、大きく変わったことのひとつに、インバウンドを取り込むことで地方で食の動きが活発化してきたことが挙げられます。

２０２２年から世界各国の日本への出入国が可能になり始めましたが、インバウンドの流入は予想を上回る勢いで増加しています。日本政府はこれまで「２０２０年の東京オリンピックまでに４０００万人、２０３０年には６０００万人」を目標として、２０１９年には過去最高の３２００万人近くまでいきました。コロナ禍で２０２１年には24万人と実質ゼロまで落ち込みましたが、２０２２年末からのコロナ対策緩和と並行して、急速にインバウンドは回復。２０２３年の訪日外国人数は２５００万人となり、コロナ前の２０１９年比で80％近くまで戻しました。しかも、これは団体客の日本への観光解禁が遅れた中国が復活していない状況での数字なのです。岸田総理は２０２２年秋の所信表明演説で「(２０２３年は) 訪日外国人旅行消費額を年間５兆円以上にする」としましたが、終わってみたら、５兆円どころか５兆３０００億円になっていました。

この勢いに、日本政府観光局の蒲生篤実理事長は、「２０２４年はインバウンド観光、飛躍の年に」と述べ、地方への誘客、インバウンド富裕層増加への取り組みを積極的に行うことを表明しています。ちなみに、インバウンド富裕層 (役所用語的には高付加価値旅行者層）とは、観光庁の定義によると「1回の訪日旅行でひとり100万円以上使う人」ですが、コロナ前の2019年の統計で富裕層旅行者はインバウンド総数の1％（30万人）しかいないのに、消費金額は11・5％（5523億円）となっていることから、富裕層をもっと誘客すれば、インバウンドの絶対的消費額が増えると考えられているのです。

食や食文化を通じて観光を促進しようという動きは「ガストロノミーツーリズム」と呼ばれて、欧米ではすでに20世紀から活発な動きを見せています。その象徴的な存在が、先述のスペイン・サンセバスチャンですが、日本でも地方を中心にここ数年、活発化しています。たとえば、三重県「みえガストロノミーツーリズム」推進事業、新潟県「新潟ガストロノミーアワード」、山梨県「やまなし美食ツーリズム」事業、静岡県「ガストロノミーツーリズム」推進事業などがそうで、日本中で食を使って地方を豊かにしようとしているのです。

観光庁もその動きを後押ししています。2023年3月には、「高付加価値旅行者の誘客に向けて集中的な支援等を行うモデル観光地11地域」を選定。インバウンド富裕層を取り込むため、東北海道、八幡平、那須及び周辺地域、松本・高山、北陸、伊勢志摩及び周辺地域、奈良南部・和歌山那智勝浦、せとうち、鳥取・島根、鹿児島・阿蘇・雲仙、沖縄・奄美の11地域に予算を集中投下し、インバウンド富裕層の誘客のために必要なものの調査を開始したのです。

先述のように観光庁はインバウンド富裕層の定義を、1回の訪日旅行でひとり100万円以上使う人と定めています。2023年の訪日外国人ひとり当たり旅行消費額単価は21万2000円だったことを考えると、5倍近くの消費を目標にしているのですが、私の周囲のインバウンド富裕層のお金の使い方は、そんなものではありません。1泊20万円以上のホテルに泊まり、北陸から京都まで毎晩数十万円を食に費やすことに躊躇せず、1回の旅行で300万円以上使うアジア人を、私は何人も見ています。

私の友人のフーディーが先日、五島列島を旅して、興味深い投稿をフェイスブックにしていました。友人は五島列島の小値賀島《おぢかじま》へ行ったのですが、宿泊や野崎島訪問の窓口になってくれた旅行会社がワンストップで、スムーズに宿泊手配・野崎島ガイド・レンタカー手配・レストラン予約・送迎等をしてくれたことをとても評価していました。そして、日本各地でツーリズムに力を入れたいと思っている地方自治体の人はこちらをモデルにしてほしいとまで書いていたのです。

観光の目的地となるレストラン

地方に「デスティネーションレストラン」と呼ばれる、ここに食べに行くためだけに訪れる価値のあるレストランが増えています。

英字新聞・ジャパンタイムズは、2021年から「Destination Restaurants」の表彰を行っています。ジャパンタイムズの定義によるとこの表彰は、〈「日本の風土の実像は都市よりも地方にある」と考えること、また、「地方で埋もれがちな才能の発掘を目指す」こと、「既存のセレクションとの差別化を図る」ことから、特に日本の地方にあるレストランに限定して選んでいる〉もので、選考対象となるのは「東京23区と政令都市を除く」場所にある、あらゆるジャンルのレストランとなっています。

2021年から2023年の計3回の表彰で選ばれた30店は以下の通りでした。

チミケップホテル（北海道）
余市 SAGRA（サグラ　北海道）
カーサ・デル・チーボ（青森県）
レストラン パ・マル（山形県）

山菜料理　出羽屋（山形県）

日本料理　たかむら（秋田県）

とおの屋　要（岩手県）

HAGI（福島県）

登喜和鮨（新潟県）

里山十帖（新潟県）

Restaurant UOZEN（レストラン　ウオゼン　新潟県）

L'évo（レヴォ　富山県）

御料理　ふじ居（富山県）

ラトリエ・ドゥ・ノト（石川県）

片折（石川県）

すし処めくみ（石川県）

日本料理　柚木元《ゆきもと》（長野県）

Naz（長野県）

オトワレストラン（栃木県）

Terroir 愛と胃袋（山梨県）
ドン ブラボー（東京都）
鎌倉 北じま（神奈川県）
茶懐石 温石《おんじゃく》（静岡県）
白《つくも》（奈良県）
ヴィラ アイーダ（和歌山県）
AKAI（アカイ　広島県）
pesceco（ペシコ　長崎県）
ヴィッラ デル ニード（長崎県）
Restaurant État d'esprit（レストラン エタデスプリ　沖縄県）
6 SIX（シス　沖縄県）

ご覧のように、北海道から沖縄までとバラエティに富んでいることがわかります。しかも、レストランがあるところをつぶさに観察するとわかるのですが、けっして観光地ばかりではないのです。こうしたところにレストランを作ろうと思ったシェフは、観光にくる客を対象にしているわけではないからです。

彼らが地方に行くのは、その地方でしか使えない食材があるからです。東京には世界中から一流の食材が届きます。どれも質がいいものですが、私が思うに、どこかカドが取れた丸いものになっています。しかし、地方にはそこでしか取れない食材があります。それらは尖っていて、圧倒的に突き抜けたものです。足が早くて東京まで出荷出来ない魚や、数が揃わなくて東京では売れないもの、大きさが不揃いなものなどです。彼らはそうした食材を使いたくて地方に行くわけです。

地方でレストランを営む若いシェフがこんな話をしてくれました。

「僕はずっと都会で最高級の食材を使ってフランス料理を作っていて、それになんの疑問も抱かなかったんですが、あるとき、この地方に来て、いままで使ったことのない食材を見たとき、僕が使いたいのはこっちの食材だったと気づいたんです」

いま、彼は毎朝のように近くの沢に行き、石をひっくり返して獲ってきた沢蟹を料理に使っています。東京のシェフと地方のシェフのどちらがいいという問題ではありません。その料理人の感性の問題なのです。

ただ、これまでは地方を志向するシェフがいたとしても、それで生活を成り立たせるのは困難でした。ところが21世紀に入り、わざわざ地方まで食べに来てくれるフーディーが増え、彼らは東京のカドが取れた料理だけでは飽き足らなく、尖った料理を求めている。だから日本各地に、デスティネーションレストランが増えているのです。

しかし、その食材はシェフだけで見つけられるものではありません。その周囲にいる農家、漁師、鮮魚店、精肉店などの存在が重要になってきます。

静岡県焼津市に「サスエ前田魚店」という魚屋があります。店主の前田尚毅さんは魚の目利きだけでなく、一番美味しい状態に「手当」する名人と言われています。2018年に放送された「情熱大陸」で知った方もいるでしょう。前田さんの手当した魚には日本中からラブコールが来ているのですが、彼は鮮度を保証出来る近場の「成生《なるせ》」「茶懐石 温石」「日本料理 FUJI」「シンプルズ」など、限られた飲食店にしか卸しません。そのため、広島でフランス料理店を営んでいた西健一さんは、前田さんの魚を使いたいがために焼津に移転、「馳走西健一」を開いたほどです。

先日、瀬戸内海の伯方島《はかたじま》にある寿司店を貸切りにして、クローズドなイベントが行われました。都内の有名レストランのシェフが、瀬戸内海の魚を知り尽くしていると言われる漁師の魚を使った食事会でしたが、そこでシェフが語った言葉が、ガストロノミーツーリズムの本質を表していました。彼は、こう話しました。

「私は東京のレストランでも彼が獲った鯛を使ってコンソメをひきますが、東京では野菜の出汁を足さないと満足出来る味になりません。しかし、ここなら鯛だけで素晴しいコンソメがひける。だから、ここで料理を作りたかったのです」

実は2023年9月、私は日本経済新聞社とともに「超DX料理賞」を選びました。デスティネーションレストランは単独で存在するものではなく、地域とともにあるという思いを込めて、レストランや地域の食文化の担い手を「地域融合エコシステム賞」「革新ビジネス賞」「持続可能な海の幸グルメ賞」など10のカテゴリーで表彰したのです。先述の前田さんをはじめ、地方で活躍する方々に敬意を込めたかったからです。

ただ、デスティネーションレストランには矛盾もあります。都会から来るフーディーたちは地元の食材を喜びますが、地元の客はそこにない食材を欲するのです。私も北陸の寿司屋で東北のマグロや北海道のウニが出て、「こんなに地元にいいものがあるのにもったいない」と言ったら「地元の人にはこういうほうが喜ばれるんです」と答えられて、納得しつつも、難しいなあと思いました。

SDGsは富裕層に刺さる

地方のレストランが注目されるのは、「持続可能な開発目標（SDGs）」の問題もあります。超ＤＸ料理賞でも受賞店を〈日本各地の生産者が丹精込めて作った食材を様々な創意工夫で美味しい料理にして届け、環境と社会に配慮しながら持続可能かつ発展的な変革を志向する美食店〉と定義しましたが、いまやSDGsは単なるファッションではなく、現実的な問題になってきています。

これまでは「うちの店では食べ残しの料理をコンポスト（生ごみなどの有機物を分解発酵させて堆肥にすること）にしてフードロス対策に対応していますから、コーヒー1杯2000円いただきます」と言っても、商売にはなりませんでした。ところが、富裕層ビジネスが浸透するにつれ、それがきちんとお金になるようになったのです。

2022年2月24日に配信された「『1泊30万円なんて安さで大丈夫？』富裕層旅行商談会で見えた驚愕トレンド」（ダイヤモンド・オンライン　文　岩本大輝・オータパブリケイションズ執行役員）という記事があります。

筆者は2021年12月にカンヌで開催された世界最大の富裕層旅行商談会に参加したのですが、そこでの重要なキーワードは「ウェルネス」で、これは脱プラスチックやC

O2削減、フードロス削減といった、SDGsやサスティナビリティの精神の延長だといいます。そして欧米ではいまや、SDGsやサスティナビリティに配慮したホテルなら1泊30万円以上でも、富裕層は泊まってくれるというのです。

2024年に入ってアサヒビールやサッポロビールなどビール会社大手が、アルコール度数8％以上の缶酎ハイ、いわゆる「ストロング系酎ハイ」の新商品を今後発売しないと発表しています。これは厚生労働省が2024年2月に発表した「健康に配慮した飲酒に関するガイドライン」で、アルコールのリスクに警鐘を鳴らしたことへの具体的な動きなのです。

さらに、高アルコール度数飲料の次は、飲み放題の規制になるのではないかと言われています。今回のガイドラインには「避けるべき飲酒等について」という項目があり、「一時多量飲酒（特に短時間の多量飲酒）」と明記されているからです。飲み放題はまさに「一時多量飲酒」を促すシステムと言っていいでしょう。

これらの裏には、SDGsの推進目標があります。SDGsの17の国際目標の中に「すべての人に健康と福祉を」という目標があります。この目標の具体的な取り組みとして含まれているのが「薬物乱用やアルコールの有害な摂取を含む、物質乱用の防止・治療を強化する」こと。このように、アフターコロナの重要な指標のひとつにSDGsが組み込まれているのです。

アルコールの摂取に関して私は、コロナと並行して出てきた「ソバーキュリアス」の動きにも注視しています。ソバーキュリアスとは「飲めるのに飲まないライフスタイル」のこと。コロナで外食する機会が減ったことで、無理して飲まなくてもいいことから、飲酒に積極的でなかった層が表面化したのです。実際、飲食店経営者と話をすると「最近は酒を飲まない客が多くなった」と言われることが多くなりました。ただそれを「酒で儲けることが出来なくなった」とするのは古い考えです。それを逆手に取って、最近ではノンアルコールペアリングを出す店も多くなっています。

新料理という新ジャンル

このようなさまざまな変化を見ると、コロナで失われた3年間を「アフターコロナを考える時間」として使えたかどうかが、今後の外食産業の行方を決めるような気がしてなりません。

たとえば寿司業界では、行き過ぎた寿司高級化の反動が来ています。これまで客単価ひとり5万円の高級店が、同じ魚の違う部位を使って、別の場所で立ち食い寿司をやったり、若い職人が握るリーズナブルな店を始めたりしています。先の超DX料理賞でも、石川の高級寿司店「すし処めくみ」で使うことの出来ない魚や部位を使って金沢で「立喰い鮨 優勝」を経営している会社を、めくみと共に表彰しました。

居酒屋と融合する寿司居酒屋も流行っています。また、高いとされているネタを出さないことで、リーズナブルな値段に抑えている店もあります。昔から住宅街にある「町寿司」も脚光を浴びるようになりました。

町寿司と同様に「町中華」もコロナの最中から話題に上っていますが、これには理由があると私は思っています。実はコロナの頃はビストロや大衆食堂も流行ったのですが、コロナ禍は誰もが精神的に余裕がなかった時期です。そんな時、人は頭で考える料理よりも、何百年、何千年もかけて淘汰され、誰もが美味しいと思うような料理のほうに惹かれるからです。寿司なら一人前ずつ提供される握り寿司、中華なら酢豚やエビチリ、食堂なら生姜焼きや鯖の味噌煮、ビストロならステーキやコンフィでしょうか。だから、昔から町にある大衆的な飲食店が再び評価されたんだと思っています。

そんな中でも、この数年で話題になったジャンルは薪料理でした。私の理解では、スペイン・サンセバスチャン地方の名物料理で「アサドール」と呼ばれる薪焼きの名店「エチェバリ」が日本で有名になったあたりが、薪焼きブレイクのきっかけだと思います。確かに薪料理も、食べ手のセンスを問うような凝ったものというより、誰もが本能的に美味しいと思うような料理です。

東京で人気になったのは、西麻布の「鈴田式」という、薪で燻し焼いて火入れをする〝薪和食〟という新ジャンルの日本料理店が予約の取れない店になったことからです。そのオーナーが薪焼鳥の「薪鳥新神戸」、薪や炭火を使った「麻布室井」などを開店。どれも予約の取れない店になり、一気に広がりました。

先日、私は京都府京丹後市を訪れましたが、そこでもここ数年、薪料理を始めた店が2軒ありました。福井県坂井市では夫が林業従事者で、その材木を使って奥さんが薪料理をやっている例もあります。このように同時多発的に出てきたことを思うと薪料理はブームではなく、時代の要請なのかもしれません。

また、「少ない客数で高単価の店」が儲かるシステムが普及したからと言っても、それでは家内制手工業の延長に過ぎず、産業としての外食にならないと考えるシェフたちは、チームで大型レストランを志向するようになってきました。欧米の有名レストランはほとんどが席数が50以上で、日本もそうしたシステムを導入しないと未来が開かれないというのが彼らの考えで、私も賛成です。ただ、コロナでシェフやサービスの担い手が少なくなったという現状があり、すぐに進むかどうかはわかりません。皮肉なことに欧米では日本の成功を勉強し、小さい店が増えているという話も聞きます。

あまり変われなかったチェーン店

一方、コロナを経ても変わらなかったものはなんでしょうか。私は居酒屋チェーン店に代表される外食産業だと思っています。「帝国データバンク」調べによると、2023年に発生した酒場、ビヤホールなど「居酒屋」の倒産は204件で、コロナ禍の影響を大きく受けた2020年の189件を上回り、年間最多を更新しました。短期的には、家飲みの増大で需要が戻らず、公的支援も打ち切られたことが理由と言われます。

さらに人材難が追い打ちをかけています。コロナ禍の人件費負担に苦しみ解雇したアルバイトや社員を雇いなおそうとしても戻ってくれないのです。飲食店経営者に聞くと、「東京は時給1500円にしてもアルバイトが来ない。どうしたらいいか」と話します。単に人がいないというよりは、この手の外食産業に「ブラック」のイメージが着いてしまったことがあるように思います。ある経営者は、「家族や恋人に、チェーン店で働いていると言えないような雰囲気になってしまった」と嘆いています。

せっかく景気が戻ってきて客が増えているのに、サービスの人員が足りていないので店の一部を閉めたり、定休日を増やすことで既存の店員をつなぎ留めなくてはならない状況になっているのです。そうなると経営に余裕がなくなりますから、DX化してサービスに余裕を持たせることが出来なくなり、さらにブラック化するという、悪循環に陥っているわけです。

新時代、鳥貴族、サイゼリヤ

この手の業界で、なんとか威勢がいいところを探すと、低価格の店に行きつきます。ただし、単に安売りをするのではなく、やはり変化を志向しているところです。

「新時代」という居酒屋チェーンをご存知でしょうか。「鶏皮串（伝串）1本50円、生ビール中1杯190円」をウリにして、「コンビニよりも安い」と大人気。客単価は2000円ほどですが、いまや全国100店舗以上、500店舗を目指して快走中です。看板商品の伝串は安いからと言って手を抜いているわけではなく、何枚も串打ちした鶏皮を揚げ、高麗人参を配合した甘辛タレとスパイスをかけた商品で、「クセになる」「やみつきになる味わい」と好評です。ひとり当たり平均5本以上は注文し、販売総数は累計1億本を超えたと言います。

居酒屋人気ランキングで1位の「鳥貴族」、ファミレスランキング1位の「サイゼリヤ」もともに安さがウリですが、それだけではありません。鳥貴族は創業1年後に全品均一価格制を導入して250円とした焼鳥を2024年には370円まで値上げしましたが、それでもお通しなしで宴会値段が安いと評価されています。サイゼリヤもそうで、一番人気の「ミラノ風ドリア」はかつては290円だったのが300円になっただけで量的にはしっかり満足出来る内容です。

新時代、鳥貴族、サイゼリヤがすごいのは、かつては「安かろう、まずかろう」だったのが、いまは安いにもかかわらず味も人気の理由になっていることです。その裏には不断の経営努力があるでしょうが、もうひとつ、フードテックの進歩により、マニュアルがしっかりとあれば、シェフの属人性に頼らなくてもよくなったこともあります。

また、ロボットの進歩は、人件費の抑制とともに味のばらつきをなくす要因にもなりました。西五反田にある「大阪王将」では調理ロボットが炒めものを作っていますが、店ごとに味をカスタマイズ出来る仕様になっていて、味も遜色がないと聞きます。大阪王将では、従業員の調理の速さと質を1級から3級までで評価しており、1級の腕を持つ人は全国でたった17人しか存在しませんが、このロボットは1級の人の鍋さばきを半年間研究しデジタルレシピ化したことで、「1級レベルの職人のクオリティ」を実現しているというのです。チェーン店でも、こうした進化を遂げている外食産業は生き残るような気がします。

また、チェーン店というほどではないが10店程度の居酒屋を経営している若い経営者のトレンドとして、割烹クオリティの料理を出す居酒屋が増えています。フードテックの進歩が調理技術の均一性を生み出したと同時に、情報の伝達の速さは割烹や高級料理店の人気料理が何なのかも教えてくれます。誰もがインスタやフェイスブックに美味しい料理の写真を上げるからです。それをうまく取り入れ、マニュアル化やフードテックを使うことでリーズナブルな価格で出すのです。実際、「居酒屋 うちやま」「蕎麦前 山都」「福みみ」「魚貝 ののぶ」「御厨《みくりや》」などのクオリティは相当高いと思います。

国際化に活路あり

富裕層と結びついた高級路線の外食産業は国際化に活路を見出しています。寿司、天ぷら、焼鳥、割烹といった和食は世界で大人気だからです。

私は2022年に、アメリカのスキーリゾートで日本料理店を開きたいというアメリカ人オーナーから人を介して、「現地で日本料理を指導してくれる人を探しているが、誰かいないだろうか」という相談を受けました。忙しいのはほぼ半年間、残りの半年は仕事をしながら釣りや狩猟なども楽しめる余裕がある。それでいて年収は最低でも1000万円程度は保証出来るというのです。一概には言えませんが、日本の料理人ならこれくらいの仕事量なら年収500万円でも充分な額です。

最終的に応募し、渡米した料理人とは長年の付き合いでした。彼は1年ほど現地の料理人を指導して帰国しましたが、年収は1500万円を軽く超したそうです。彼は今後も日本に腰を落ち着かせる気はなく、次の職場はヨーロッパにしました。

2022年には、日本では年収300万円だったのにアメリカに渡ったら年収8000万円になった寿司職人の話題がありました。私はネットニュースで知りましたが、情報元はワイドショー（「羽鳥慎一　モーニングショー」2022年10月20日放送分）です。27歳から銀座の寿司店で修業し、当時の年収は300万円だった寿司職人がマイアミに渡り、わずか7年で年収が8000万円になったというのです。

こうした情報を受け、一攫千金を狙う若者も増えてきています。「東京すしアカデミー」は短期間で寿司職人を養成する学校ですが、最短コースは2か月で寿司が握れるようになるというもの。包丁の研ぎ方から教え、3年分の技術を最短コースで教えますが、学費などでトータル100万円近くかかります。

実は私の友人が、趣味で寿司をおぼえたいと入校しました。受講生の半分はそうした年配の趣味人でしたが、残りは20代の若者で、彼らはみな海外で寿司職人として稼ぎたいと言っていたそうです。

国際化の背景には、日本の地位の低下があります。GDPはドイツに抜かれ4位になりましたし、よく使われる「ビッグマック指数」(マクドナルドのビッグマックの価格によって比較するもの)ではシンガポール、タイ、メキシコのはるか後塵を拝しています。

ただし、これまで述べてきたように、食の分野においては日本は世界の最先端を行っています。そこで、「円安に対抗するには海外に出るしかない」と考える積極的な飲食店経営者は、ファンドや異業種と組んで資金を調達するなどして、アジアや中東に出ています。たとえば、熟成した魚を握ることで有名だった二子玉川の「すし㐂邑《きむら》」の木村康司さんは、東京の店を休業し、上海に店を構えました。アミューズメント企業「ラウンドワン」は有名焼鳥店、寿司店などと組み、アメリカに2025年から高級和食店を開業することを発表しています。イタリアンや中国料理においても、日本人シェフの作る味は世界に通用すると評価されていることもあり、海外進出の計画を聞いています。

一方、増え続けるインバウンドを対象としている外食産業もあります。ワタミは2023年11月に築地場外市場に「築地 牛武《うしたけ》」をオープンし、1本3000円の和牛串が人気を博していますし、2024年2月に豊洲に出来た大型商業施設「千客万来」は7000円近い海鮮丼が外国人に人気で、「日本人には食べられないインバウン丼」と揶揄されています。

ここのところ東京のホテルの料金はどんどん上がっています。ブルガリホテル東京、アマン東京といったラグジュアリーホテルは1泊20万円、30万円が普通ですが、ビジネスホテルでも1万円以下で泊まれるところを探すのがむずかしい状況です。

ただ、嘆いてもしょうがありません。私はこれまでの外食産業、いや日本は安すぎたと思っています。2022年にニューヨークに行きましたが、ふたりで普通の朝食を食べても日本円で6000円以上しました。これが世界標準なのです。物価が上がり、食材が上がる中、これまではなんとかやりくりして価格を維持し、我慢することが美徳でしたが、今後はきちんと価格転嫁することで、誰もが生活水準を上げていくことが求められているのです。逆に言うと、「この水準なら価格が上がっても当然」と思わせるような飲食店が、どんどん出来なくてはなりません。

ニューヨークの有名店の職人が和歌山で寿司屋を開店

今後の外食産業はますます個性の時代に向かっています。かつてはフランス、イタリア、中国といった国別だった料理が、いまは地方ごとに細分化されています。

一方で、かつては専門ジャンルを深掘り出来ないシェフが苦し紛れに考えたジャンルだと思われていた「多国籍料理」は、いまやさまざまな技法や食材、香辛料を取り入れて、イノベーティブであると称賛されています。

東京か地方かという問題もあります。誰が来るかわからないけれど東京で幅広い客を相手にするのか、客層は狭いけれど地方で自分のことをわかってくれる客に対して料理をするのかを考える時代になっています。

先日、和歌山県すさみ町を訪れました。仕事で行く前は名前すら知らなかった町で、人口はわずか4000人弱です。私は、はじめて行くところは、美味しそうな店がないかとネットで予習をするのですが、ちょっと洒落た名前の寿司屋が目に留まりました。「すさみ 鮨霧」です。地方で「寿司」ではなく「鮨」という字を使う店はあまりないので興味を惹かれ、ちょっと調べたら、「鮨霧」はなんとニューヨークの世界的に有名なレストラン「NOBU」の寿司部門でヘッドエグゼクティブシェフを務めていた大将がコロナ禍で帰国して、2021年に開いた店だそうです。大将は大阪出身で、すさみ町とはこれまで深い縁があったわけではないとのことです。ホームページにはこう記されていました。

〈すさみ町の自然の魅力、そして世界にいたからこそ感じた「日本食への関心」が移住、挑戦という形で2021年7月2日すさみ町に「鮨霧」を新規開業いたします〉

仕事の時間と折り合わず、店には訪れることが出来ませんでしたが、こういう店が失礼ですが普通の田舎に出来るようになったのだなあと感慨を覚えました。

「鮨霧」の大将が熟年になって日本に帰国したように、ここにきてシニアのシェフが、これまでの勝手知ったる常連だけを相手として、カウンター中心の店をはじめるケースが多くなりました。中国料理のアイアンシェフ・脇屋友詞さんも料理人人生50周年という節目の2023年12月にカウンターと個室の店「Ginza 脇屋」をオープン。自らの手で鍋を振ると聞きます。また、フレンチの巨匠・三國清三さんは四谷にあった「オテル・ドゥ・ミクニ」を閉店し、土地をデベロッパーに売却、その後に建設されるマンションの一画で8席だけのカウンターフレンチを開きたいと言っています。これまで多くの客を相手に商売をしたことから、最後は自分をわかっている常連相手に好きな料理を振る舞いたいということでしょう。

まさに多様性の時代になってきました。

第10章　東京グルメの未来

羊料理を再興させた「味坊」

前章で地方の食の可能性を私は高く評価しましたが、それでは東京の食はどうなるのでしょうか。

ガストロノミーツーリズムには地方を豊かに出来る可能性がありますが、その恩恵を一番受けるのは、日本のハブである東京です。東京には世界中からトップレベルの食材が集まってきますし、トップレベルのシェフたちも集まっています。東京の食は過当競争で「レッドオーシャン」だと言われますが、それほどレベルが高いという意味でもあります。ここで評価されれば、そのまま世界のひのき舞台に立つことになります。

日本のみならず世界各地の郷土料理には美味しいものがたくさんありますが、そうした味を評価し、飲食店を経営的に成り立たせてくれるのは、日本では東京しかないと私は思っています。こうしたニッチな分野の料理店が成功すれば、そこから思いもよらぬブレイクが生まれるかもしれません。

ここ数年で言えば、羊肉料理や中国東北料理で有名になった「味坊集団《あじぼう》」のような例です。残留孤児の母を持つ梁宝璋《りょうほうしょう》さんは、中国東北地方の黒龍江省のチチハルで育ちましたが、1995年に来日。さまざまな職業を経て、飲食としては最初、ラーメン店「味坊」から始めたのですが、神田のガード下に羊肉とナチュラルワインの店「神田味坊」を出したらこれが大ヒット。いまでは11店舗となり、羊肉料理と言えば味坊の名前が挙がるようになりました。

それと同時に、羊肉料理は地方へも伝播。かつて羊肉が食べられていた地方の料理が復活したり、地方から東京へ羊料理で攻め入る飲食店も出来ています。つまり、東京での成功が点から線へ、線から面へと拡がり、日本中に広まったわけです。

梁さんは、こうした功績で日本の外食シーンに貢献した人物を表彰する「外食アワード2022」を受賞しています。

キッチンラボというムーブメント

ガストロノミーの分野では「キッチンラボ」を作る動きが活発になっています。いまや情報はネットで瞬時に共有され、世界中に伝わります。美味しい食材、調味料、調理技術に誰もがアクセス出来る時代になりました。トップシェフたちは自分がかつて修業してきたジャンルにとどまらず、さまざまなジャンルの料理を融合させて、未来の食を開発しようとしています。

そんなときに有用なのがキッチンラボなのです。調理器具が揃った空間で、シェフだけでなく、異なったジャンルの知見を持つ料理関係者が集まり、未来の食の可能性を論じ、実際に作りながら語るキッチンラボが東京にいくつも出来ています。まだ計画中のものも多く、都市デザインのひとつとして組み込まれている例もあります。キッチンラボは混沌としている食の要素の「ハブ」であり、そこからは無限の可能性が生まれます。東京にはさまざまな料理人、食材、情報が極めて高いレベルで集まっており、その数は世界でも随一と言われます。彼らがラボに集い、お互いの知見を披露し、切磋琢磨することで東京の食はいまより数段高い位置に立つことが出来るはずです。

私の友人の米澤文雄さんは2022年に、西麻布の路地裏に完全紹介制のダイニング「ノーコード」を開業しました。米澤さんは1980年東京都生まれ。22歳で単身ニューヨークへ修業に出かけ、ミシュラン三つ星店「ジャン・ジョルジュ（Jean-Georges）」ではは日本人初のスーシェフになり、帰国後は「ジャン・ジョルジュ東京」の料理長として活躍しました。その後はハンバーガー、炭火料理、イスラエル料理、メキシコ料理など数々の名店を手掛けてから、この店を作ったのですが、これこそ現代のキッチンラボだと私は思っています。レストランとして営業するのは月10日程度で、企業との商品開発やメニュー開発、コンサル、イベントのハブとして機能させているのです。まさに店名（境界がないという意味）の通り、レストランを超えた「ラボ＝研究所」の役目を果たしているわけです。

先日訪れた京都府京丹後市には不定期で行われる「深夜のラボ」があります。食べログで4点以上を取る人気日本料理店「魚菜料理 縄屋」の主人、吉岡幸宣《ゆきのり》さんが年に数回、休みの日に自店に周辺の料理関係者を集め、食材を持ち寄り、酒を飲みながら、互いに料理を教えあったり、これからの飲食業界の話をするのです。私が行った日に開催してくれたのですが、農家や酒造メーカーの人から、寿司、焼鳥、フレンチ職人まで20人近くが集まり、研鑽を積む、これもまたラボそのものでした。先述の薪料理と同様、ラボも、都会や地方に関係なく、同時多発的に起きている現象なのです。

東京は横綱相撲を

シェフ個人だけでなく、外食産業全体の活躍も大切な要素です。話題のテレビ番組「ジョブチューン」を観ても、いまや外食産業の料理の担い手の調理水準はきわめて高いことがわかります。資本力のある彼らとシェフが組めば、東京の食の水準をもっと高めることが出来るでしょう。実際、コンビニやファミレスなどが、有名シェフ監修の商品を続々出しています。

それと同時に、昔からある下町や住宅街の個人店の食文化も見逃せません。食はアートではありますが、日々の営みでもあります。それを両立出来ることが都会である東京のよさなのです。南千住の「丸千葉」、神楽坂の「伊勢藤《いせとう》」、湯島の「シンスケ」などの名居酒屋や、三軒茶屋や西荻窪などにひそむ、レストラン・割烹クオリティのバルや食堂は、新陳代謝を繰り返しながらも、ずっと残ってほしいものです。

2024年のインバウンドは、JTBの予測では年間で3300万人以上で過去最高になると言われています。世界の旅行好きは日本に行きたくてしょうがなく、しかも美味しいものを食べにやってくるのです。

多くのインバウンドにとって、その最初の入口は成田であり、羽田です。つまり誰もがまずは東京にやってくるわけです。東京は日本中の一流の食の集積地ですから、そこで彼らは日本の食の豊かさに驚くことでしょう。その後、地方で楽しんだとしても最後は東京に戻ります。東京はどっしりと構えて横綱相撲を取ってもらいたいと思います。

東京の郊外も魅力的です。熱海、湯河原、鎌倉、山梨など、東京から2時間以内で行ける観光地に美味しい店がたくさん出来ています。それらとセットで考えると、東京の魅力はさらに輝くことでしょう。

おわりに

私が食に興味を持ち始めた1980年代は、個々の料理人が輝いていた時代でした。居酒屋などの外食産業はすでにありましたから、判官びいきもあるかもしれませんが、個人のシェフの営みのほうがはるかにチャーミングでした。

しかしいまの日本はある意味で均一化し、ファミレスやコンビニでも相当美味しいものが食べられるようになっています。そういう状況下で、ごく一部のシェフたちがフーディーたちにイノベーティブな料理を供しているわけです。

他方、世界をみれば「食」は一大産業となっています。特に富裕層の関心が一番高い分野です。私は「富裕層」という言葉がけっして好きではないのですが、美食の世界でも今後、富裕層と安くて美味しい料理を求める一般層に分かれるのは否定しようがありません。外食産業もこの2層に分離しています。ボリュームのあるこの2層を対象とする外食産業には頑張ってもらいたいですが、私としては、その中間にあり、日々の営みとしての食を作り続けている個人店や、小さい外食産業も引き続き応援したいと思っています。

本書を書くにあたって、たくさんの方にご協力をいただきました。なかでも、私のはじめての著作『「フーディー」が日本を再生する！ ニッポン美食立国論』を評価していただき、新書執筆の後押しをしてくださった新潮社の中瀬ゆかり氏、一緒に伴走してくださった新潮新書編集部の横手大輔氏には、とても感謝しています。

また、具体的な名前は失礼しますが、私が運営に関わる美食倶楽部「日本ガストロノミー協会」の理事や参加者の方々、同じく校長を務める地方と東京を結ぶ食のカルチャースクール「食の熱中小学校」の運営や生徒の方々、フェイスブックをはじめとしてSNSでつながっている方々、食メディアに携わっている方々、地方でガストロノミーツーリズムの発展に日々努力されている方々、商業デベロッパーや飲食店の方々には、大変お世話になりました。そして、さまざまな励ましをくれた家族に感謝します。

2024年5月　　柏原光太郎

参考文献

『東京・味のグランプリ200』山本益博　講談社
『グルマン　1984』山本益博・見田盛夫　新潮社
『外食を救うのは誰か』鷲尾龍一　日経BP
『東京いい店うまい店』文藝春秋編　文藝春秋
『東京うまい店』柴田書店編　柴田書店
『東京いい店やれる店』ホイチョイ・プロダクションズ　小学館
『ミーハーのための見栄講座　その戦略と展開』ホイチョイ・プロダクション　小学館
『なんとなく、クリスタル』田中康夫　河出書房新社
『田中康夫が訊く　どう食べるかどう楽しむか』田中康夫　光文社
『東京最高のレストラン』マッキー牧元、小石原はるか、森脇慶子、浅妻千映子他　ぴあ
『東京のレストラン　目的別逆引き事典』甘糟りり子　光文社
『浜作主人が語る 京料理の品格』森川裕之　PHP研究所
『食いもの旅行』狩野近雄　文藝春秋新社
『好食一代』狩野近雄　三月書房

『食い放題』坂東三津五郎　日本経済新聞社
『東京フレンチ興亡史　日本の西洋料理を支えた料理人たち』宇田川悟　角川書店
『フレンチ・レストラン　フィガロの物語』入部隆司　世界文化社
『美食家列伝』文藝春秋「ノーサイド」編　文藝春秋
『キャンティ物語』野地秩嘉　幻冬舎
『京味物語』野地秩嘉　光文社
『ユーザーファースト　穐田誉輝とくふうカンパニー　食べログ、クックパッドを育てた男』野地秩嘉　プレジデント社
『料理に「究極」なし』辻静雄　文藝春秋
『すきやばし次郎　旬を握る』里見真三　文藝春秋
『フードテック革命』田中宏隆・岡田亜希子・瀬川明秀　日経BP
『東京アンダーワールド』ロバート・ホワイティング　角川書店
『ハングリー』中島武　講談社
『熱狂宣言』小松成美　幻冬舎
『タフ&クール』長谷川耕造　日経BP
『冷やしとひと塩で魚はグッとうまくなる』前田尚毅　飛鳥新社

参考文献

『奇跡のレシピ』プロジェクト〝空〟 KADOKAWA
『魅惑の南仏料理』春田光治 中央公論社
『ファッションフード、あります。——はやりの食べ物クロニクル1970-2010』畑中三応子 紀伊國屋書店
『〈メイド・イン・ジャパン〉の食文化史』畑中三応子 春秋社
『外食2.0』君島佐和子 朝日出版社
『東京エピキュリアン』見田盛夫編著 講談社
『ガストロノミ』佐原秋生 産業能率大学出版部
『日本外食全史』阿古真理 亜紀書房
『「フーディー」が日本を再生する！ ニッポン美食立国論』柏原光太郎 日刊現代
「味の手帖 悪食三昧」樫井雄介（柏原光太郎） 味の手帖
「連載：進化し続ける食メディアの変遷」柏原光太郎 Retryグルメニュース

※本文中の引用に関しては、本文に引用先を明記。その他、インタビュー、ネット検索を多数活用しました。

柏原光太郎　1963年東京都生まれ。
ガストロノミープロデューサー。
「一般社団法人日本ガストロノミー協会」会長、「食の熱中小学校」校長、食べログググルメ著名人なども務める。

Ⓢ新潮新書
1045

東京《とうきょう》いい店《みせ》はやる店《みせ》

バブル前夜《ぜんや》からコロナ後《ご》まで

著　者　柏原光太郎《かしわばらこうたろう》

2024年6月20日　発行

発行者　佐　藤　隆　信
発行所　株式会社 新潮社
〒162-8711　東京都新宿区矢来町71番地
編集部（03）3266-5430　読者係（03）3266-5111
https://www.shinchosha.co.jp
装幀　新潮社装幀室
組版　新潮社デジタル編集支援室
印刷所　株式会社光邦
製本所　加藤製本株式会社

乱丁・落丁本は、ご面倒ですが
小社読者係宛お送りください。
送料小社負担にてお取替えいたします。

ISBN978-4-10-611045-0　C0230

価格はカバーに表示してあります。